SUDOKU

SIRIUS

SIRIUS

This edition published in 2024 by Sirius Publishing, a division of
Arcturus Publishing Limited,
26/27 Bickels Yard, 151–153 Bermondsey Street,
London SE1 3HA

Copyright © Arcturus Holdings Limited
Puzzles by Puzzle Press

ISBN: 978-1-3988-4463-6
AD011463NT

Printed in China

Contents

An Introduction to Sudoku

There is no mystique about solving sudoku puzzles. All you need are logic, patience and a few tips to get you started. In this book the puzzles get tougher as you progress through the book. The process for solving puzzles at different levels is exactly the same, however.

Each puzzle has 81 squares formed into nine rows, nine columns, and nine boxes each of nine squares, shown here:

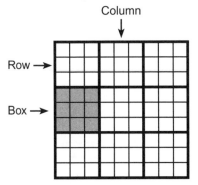

Column

Row →

Box →

Each puzzle begins with a grid with some numbers in place. The numbers used in a sudoku puzzle are 1, 2, 3, 4, 5, 6, 7, 8 and 9 (0 is never used):

	9	6			8		3	
		1		4	2			
5						8	1	9
4		7	1	2				3
		8	7		6	5		
2				9	4	6		1
8	7	2						5
			3	5		1		
	3		2			4	6	

You need to study the grid in order to decide where other numbers might fit.

For example, in the top left box the number cannot be 9, 6, 8 or 3 (these numbers are already in the top row); nor can it be 5, 4 or 2 (these numbers are already in the far left column); nor can it be 1 (this number is already in the top left box of nine squares), so the number in the top left square is 7, since that is the only possible remaining number. The grid now looks like this:

7	9	6			8		3	
		1		4	2			
5						8	1	9
4		7	1	2				3
		8	7		6	5		
2				9	4	6		1
8	7	2						5
			3	5		1		
	3		2			4	6	

A completed puzzle is one where every row, every column and every box contains nine different numbers, as shown below:

Column

7	9	6	5	1	8	2	3	4
3	8	1	9	4	2	7	5	6
5	2	4	6	7	3	8	1	9
4	6	7	1	2	5	9	8	3
9	1	8	7	3	6	5	4	2
2	5	3	8	9	4	6	7	1
8	7	2	4	6	1	3	9	5
6	4	9	3	5	7	1	2	8
1	3	5	2	8	9	4	6	7

Row →

Box →

Solutions to all of the puzzles may be found at the back of the book.

1

6		5	3		8	9		7
	8			1			3	
9	3			7			4	1
7	5		1		2		6	3
		3	5	6	7	1		
1	2		4		3		8	5
5	9			2			1	4
	6			5			7	
2		4	8		1	6		9

2

6			2	4			3	8
2		4		1		5		6
	5				9			
		3	5		1	2	7	4
	2	1		3		9	8	
8	4	5	9		7	3		
			8				2	
4		7		9		6		3
1	9			5	3			7

3

	3	9			4		8	5
6		5		2			7	4
			1	9		6		2
	4				7			3
	7	6	2	1	9	5	4	
8			6				1	
5		7		3	1			
4	2			7		8		1
1	6		4			3	9	

4

8	2				1		3	6
3			8	6		9		
	5		9			7		4
			2	9		6	5	3
7		5		8		2		1
6	3	2		5	4			
5		4			2		9	
		1		4	8			7
2	8		7				6	5

5

5	7	3		8				1
			6	1	3		4	5
	6		5		7			9
		6	8		9		5	
2		4		3		9		7
	8		4		2	6		
8			2		1		9	
6	9		3	4	5			
1				9		3	2	6

6

		1			7	3		5
5	7	9				1	2	6
6				9	5			8
	1	7			4			9
	6		2	8	1		5	
8			3			6	1	
1			7	4				3
7	2	6				5	8	4
3		4	8			2		

7

	3	9	8		1		4	
		4	7		9		5	
5				6		2		9
3		6	9		5		1	
	7			1			3	
	2		4		7	9		8
8		3		7				4
	5		2		3	8		
	6		1		8	5	7	

8

	8		5		6		2	7
4	9	5		1			6	
			4	8	3		9	
		3	2		1			9
1	7			4			5	8
9			8		5	2		
	3		9	6	4			
	6			2		7	3	4
2	1		3		7		8	

9

5	7			9			8	3
	8		7	5		4	1	
		3			6			
3	1	5			2	8		4
9				4				6
4		8	3			2	5	7
			1			7		
	9	6		3	4		2	
2	5			6			4	8

10

2	3			6			1	
	8	4			3	5	6	
6	7		9				3	4
7		3	8	4	5			
8				9				5
			2	1	7	9		3
9	6				8		5	2
	4	2	6			1	7	
	1			7			9	6

11

3			8	4	1			6
9	6			2		8		5
2						3	7	
	5		2			1	4	3
		3	1	5	8	9		
7	1	6			3		2	
	3	7						9
1		8		3			5	2
5			6	8	9			1

12

	7		1		5		9	
8			7				6	2
3		4		9	6		1	
7				6	4	2		1
		5	8		1	7		
9		1	5	3				8
	9		3	7		4		5
2	4				9			3
	8		4		2		7	

13

	5			1		3	9	8
	9		3	5	6			
3	2		8		9		7	
		6	4		7			1
	8	2		3		7	4	
9			2		1	6		
	7		5		4		1	3
			9	7	3		6	
4	6	3		2			5	

14

3		7			6		4	8
	2		4		3			
		1	5	8		2		7
8		3	7			5		6
	1			5			9	
4		5			2	3		1
7		9		1	4	8		
			8		5		7	
5	8		9			6		2

15

9	7			4			1	3
	8	5	1	3			7	
					6	9		
1	3	2	9		4			5
6		8		5		1		4
5			6		2	3	8	9
		1	8					
	2			9	5	6	4	
7	5			6			3	2

16

6		4			5	1		2
	7	2			1		8	
3			2	9	8			6
		8	9		3		4	
7		5		2		3		9
	9		1		7	2		
5			3	7	2			1
	3		5			9	2	
8		6	4			7		5

17

4		8		9	3	5		2
	1				2	6		
2			7	5	1			9
		4	1		6		3	
5		2		7		1		6
	6		5		9	7		
1			4	6	7			8
		7	9				4	
8		3	2	1		9		7

18

	7			4			9	6
1			2		5			3
	8	4		3	6			2
	3	2	5	8				
6		5	7		2	1		8
				6	4	9	2	
3			8	1		4	5	
7			4		9			1
4	9			5			8	

19

8					1			7
	2	7		8		3	6	
9	4		6	3			2	
		9	1		5	7	4	3
		1		9		8		
5	3	6	7		8	9		
	5			7	9		8	1
	9	2		1		5	3	
6			4					9

20

6		7		5			3	1
			2	9	3			
9	5			7		8	4	
2	6	5			7	4		
7			5		9			3
		8	4			1	7	5
	3	2		4			8	9
			9	1	5			
5	4			2		6		7

21

		7			9		4	
2	3				5		1	9
9			6	1	7			8
	2		7			5		
1	9						7	4
		4			8		6	
7			2	4	6			3
3	5		9				8	6
	6		8			2		

22

5	8			7		2		
			9			8	4	3
1				2	4		6	7
				5	2	3		
	6	5				1	2	
		3	7	6				
9	2		3	4				5
8	4	6			1			
		7		8			9	1

23

	5		7		3	8		
	8	6	5		2	9		
4				6			7	
		2	8				9	7
		7		2		6		
5	1				4	3		
	3			9				8
		4	2		5	7	1	
		8	1		6		4	

24

	9			4				3
7			3		6	5		
5		4	7		8	2		
		8	5				3	2
		3		8		4		
1	7				9	6		
		9	8		7	3		1
		5	1		4			9
6				2			5	

25

2			5		8		6	1
	9			3		4		
4			6		7		2	
	6	8			2			9
1				5				7
5			4			1	3	
	8		1		9			4
		2		7			1	
7	4		8		5			3

26

			8	4	2			
8	6			3		1	9	
5		7					3	
		3			5	2	7	1
9			2		8			5
2	5	4	3			6		
	9					5		7
	3	6		5			2	8
			1	8	9			

27

2		9	7			5		
		6			1		4	2
7				4	5		3	
				2	4	8	1	9
3								7
8	9	2	1	6				
	6		5	9				8
4	7		6			2		
		8			3	1		5

28

6	4	8						7
			1	5		4		
	2		8			9	6	
2				1	4	3		5
		7	9		3	8		
4		9	5	6				1
	9	5			1		2	
		4		7	2			
7						1	3	8

29

	2			8			3	
		3	7		4	5		
5	4			6			9	8
8	7		5		1		6	4
		4	8		2	1		
1	3		4		6		8	2
4	5			2			1	9
		9	1		7	8		
	1			4			7	

30

	7				6			
1		6			4		2	
8			9	3		1		7
9		2			7	8		6
	8			9			5	
6		3	1			4		9
5		1		8	2			3
	3		5			7		4
			3				1	

31

8			4		6			9
	6			5			4	
	1	5		3		8	6	
	7	6	2		5	3	9	
5			3		9			6
	4	9	6		1	5	2	
	5	1		2		9	8	
	3			9			7	
7			5		4			1

32

	8	9		7		5	4	
1	3			5	4		8	
		2						9
6	5	4			9	1		
		2				7		
		1	6			9	3	5
4					3			
	6		1	9			7	2
	1	8		2		6	5	

33

4			5		2			
9				8		2	3	5
5			7	9	3			
		5	8		4		7	
2	4						1	6
	7		1		6	8		
			3	1	5			7
7	3	6		4				9
			6		9			8

34

5	3	7		4		2		
			2		3	8		
			6	1	5	7		
7			3		1		8	
4		9				3		1
	6		4		8			7
		6	5	2	7			
		4	9		6			
		2		8		6	9	5

35

1				5			3	
		3	6		7			9
		9	4		2	8		6
6	2				9	1		
		8		4		7		
		4	3				8	5
3		7	2		4	5		
2			8		1	3		
	9			7				8

36

		4		5	1	6	3	
	9		7					
5		1		2		4		9
3					9	5	8	1
2								7
9	5	6	8					3
8		5		7		3		4
					6		1	
	7	2	3	9		8		

37

	4		2	6		1		9
		2	1			7	3	
3	9		7					
		6			4		5	8
7			3		1			4
8	3		5			9		
					5		4	6
	1	5			2	8		
2		8		9	7		1	

38

3		5		1		7		6
			2				9	
4	1			8	6			5
2	3	8			5	6		
		4				1		
		6	8			9	5	3
7			9	3			6	2
	8				1			
9		3		4		8		7

39

5	1		3	6		4		
		8	9		4	6		
2						3		7
6	4			5	9			
	9		4		2		8	
			1	3			7	4
7		1						5
		2	7		1	8		
		6		8	5		1	9

40

		5	4	8				
	9	1	6				7	
2						6	5	9
4			8	9		1		5
		6	1		3	2		
8		3		4	5			7
6	3	4						2
	7				4	8	1	
				2	7	5		

41

3	9	7		8				5
				6	9			4
		7						2
	4	8	6		7	5	9	
1	6						3	7
	5	3	8		1	2	4	
8				5				
4			9	1				
9				2		1	5	3

42

		6	3	4	1	5		
1					2		3	
	2	3			8	6	7	
	3		2					4
	5	4				9	8	
7					5		1	
	9	8	7			1	6	
	4		8					5
		2	5	9	3	8		

43

	9				2		7	5
2	8	4	1					
3				6	8	2		
1		6		2			4	
	4		6		9		3	
	2			1		5		8
		8	4	9				6
					7	3	5	1
7	1		5				8	

44

	6	1			3	4		
		8	5		4		7	
				7	8	9	3	
9			6	4				8
2		6				7		9
4				9	7			1
	7	9	4	1				
	3		2		6	5		
		5	7			6	1	

45

	3	8			9	5	4	
6		2	5			7		3
		4		2		6		
4	1		3	6				
	8						9	
				7	8		2	1
		6		5		1		
8		5			1	9		7
	7	1	4			2	5	

46

		3	7		2	6	9	
		9	5		1		2	
	1			6				8
		5	8				4	2
		6		7		1		
1	3				9	7		
9				3			5	
	8		6		4	9		
	4	1	2		7	8		

47

2	5				7	3		
		4	8			6		2
	1			5	4			8
6	7	9		2	5			
8								1
			7	3		2	6	9
9			4	6			3	
4		7			1	9		
		2	3				8	5

48

		9	2	3	1	4		
	2				8			1
	6	4			7	2	8	
3			8				2	
	7	5				3	9	
	1				9			6
	4	1	6			7	5	
9			7				3	
		7	9	5	2	8		

49

6		9					1	7
			1	9		2	3	
		8		2			5	4
1					7	8		
5		3	6		4	7		2
	9		2					5
2	5			4		3		
	4	7		6	1			
8	3					6		9

50

	4		8	3		2		1
	1	6				8		
	5		1		6		3	
				7	1	9		6
2			5		9			3
9		4	2	8				
	3		9		2		4	
		5				6	7	
1		8		4	7		9	

51

		6		2		7		
2	3		6		5		4	9
9			8		1			6
		2	1	6	7	3		
8	1						6	5
		3	5	8	2	1		
1			2		6			7
7	2		4		3		8	1
		9		1		4		

52

1	5			6		2	9	
			8	7	2			
	6					3		4
8	4	1	3					6
		3	2		8	5		
9					6	8	3	7
3		4					5	
			5	2	1			
	8	2		3			6	9

53

	5			1			3	
		3	8		4	2		
2	8			9			6	1
7	3		9		8		1	5
		8	5		1	7		
1	4		7		2		9	8
8	2			5			7	6
		6	4		7	1		
	7			8			4	

54

	1		3				2	
5			8	9				4
4	2	7				3	9	8
	4				1			5
		8	2		7	4		
9			6				3	
6	8	5				7	4	3
1				6	3			2
	7				5		6	

55

	7		5	6		8		
					1	7	2	5
9		4	7					3
	4	5		1				7
8			3		6			2
2				7		1	6	
5					4	9		1
4	8	1	9					
		6		3	2		5	

56

4	1		7					8
5			8		3		9	
			5	9			7	2
		2		8	1	5		
1		6				2		9
		8	9	2		4		
2	9			4	8			
	7		1		6			3
3					9		4	1

57

		2		1		6	8	9
		4	2		9			
		6	3	7	8			
4			9		7		6	
	7	9				5	1	
	6		1		4			3
			8	2	6	3		
			5		3	1		
5	8	3		4		2		

58

			3			6		8
	3	8	5				9	
6	5		9	7		4		
	6		1			8		2
4			8		5			3
2		1			4		7	
		5		6	3		2	9
	2				9	5	1	
7		4			1			

33

59

					7	6		
7	1	4		5		2		
			2	1		8		
2	7		9		3		6	8
4		3				1		9
8	5		6		1		4	7
		8		9	2			
		7		6		4	3	2
		5	3					

60

4	9		1	2				5
		3			7		8	9
				8	4			
8	5				4		3	1
		6		1		5		
1	7		9				2	8
		9	2					
7	4		6			2		
2				5	3		9	6

61

		2	9		7	3		
3				6				4
	5	6	3		8	2	1	
5			8	9	6			7
	7	9				8	3	
6			7	3	4			5
	6	4	1		5	7	9	
2				7				1
		7	6		3	4		

62

5			2				4	9
			5	8			6	
3	2	7				8		
		2		1	4	6	9	
	7		3		9		8	
	3	4	6	2		5		
		8				1	7	6
	6			4	2			
1	9				7			5

63

1				5		7	3	2
4					3			
8			1	7				
	3	2	4		7	5	8	
7	6						2	9
	8	4	6		9	3	1	
				6	1			8
			9					5
2	1	9		4				3

64

		9	7		5	3		
4				6				9
	2	3	9		8	6	1	
1			5	9	4			6
	9	8				7	5	
5			8	7	6			1
	7	5	2		1	4	6	
2				5				3
		4	6		9	5		

65

9			5					
	7	6	1					5
	5			8	3	9	1	
	2	8			6	3	4	
1				4				8
	4	7	9			5	2	
	6	9	4	5			8	
3					7	2	9	
					2			6

66

6		9		1			2	5
	3	4						1
			9	7	8			
4	7	8	1				6	
		5	8		9	4		
	1				4	2	8	3
			2	9	5			
5						3	4	
1	6			4		9		8

67

			4	1	8			
	5					2		9
3	7			5		4	6	
6			5			8	2	1
		2	8		4	7		
8	9	3			2			5
	8	4		2			5	6
2		9					7	
			3	4	7			

68

9		7			4			3
3			9		1	8		
				7	6	4		2
	5			6	9		2	
4	2						1	9
	7		4	2			6	
2		8	5	4				
		4	6		3			5
6			8			9		7

69

9		5	1	2				7
		2			8		5	
	3	1			7			4
		7		8			2	6
	8		7		1		9	
1	5			9		4		
6			5			7	8	
	1		6			3		
4				3	2	6		5

70

6		8		1			3	
5			7	9		2		8
					6	9	4	1
	7			5	2			
	6	2				4	5	
			3	4			7	
7	1	9	8					
3		4		2	9			6
	2			3		1		5

71

8	1			2		6		
					1	4	2	3
	9		7	3			8	5
		7		9	5			
5		1				9		4
			6	4		7		
4	6			5	3		1	
3	7	2	8					
		5		6			9	2

72

1	2		8				9	
			2			3		5
	9	8	4	7				1
	3		5			9		2
		4	1		6	5		
6		9			2		7	
5				3	8	7	1	
7		6			4			
	8				1		4	6

73

8					5	4	2	
1	2		9					7
	9			4	7	6		
2	3	1	5	8				
	6						9	
				2	4	5	1	3
		8	7	1			3	
3					6		7	5
	4	9	8					2

74

7	6		5		3		8	4
4			8		2			7
		5		7		1		
		3	7	2	4	8		
9	2						7	6
		7	9	6	8	3		
		4		8		2		
2			6		7			1
1	5		2		9		3	8

75

6			4		5			7
	5	7		9		2	1	
	4			2			5	
	6	9	3		2	5	8	
5			9		6			2
	3	2	5		1	6	4	
	8			6			9	
	7	6		3		1	2	
1			2		4			8

76

		8	3	9	4	6		
5		1			2	8		9
	4				8			7
1			4				2	
8		9				7		4
	7				6			3
3			6				1	
2		5	8			3		6
		4	1	7	3	5		

★★

77

7		3	9				6	
8			4	7		1		
	4				1	3	5	
9	2	5	7	3				
		1				8		
				6	9	2	3	5
	9	4	8				2	
		2		5	4			6
	3				6	7		1

78

		8	5		6	1		
3		1	9		8	7		4
	2			7			8	
	4		2	8	5		7	
8		9				6		5
	5		7	6	9		4	
	3			5			1	
6		5	4		3	2		7
		2	8		7	5		

79

	9				1	4	7	
8			9	5		1		
5		4	3				6	
3	2	7	5	4				
		1				8		
				6	3	2	4	7
	4				6	5		1
		2		7	9			6
	3	9	8				2	

80

8	6		5			9		
4		1		2	8	5		
2			7				4	
	4	8		1				9
	7		8		5		1	
5				7		3	2	
	8				3			6
		9	2	6		4		3
		3			4		7	5

81

	7		3	9	6		2	
		6	4					3
	2	1	8			4	6	
		3	7					1
	5	8				7	9	
9					4	6		
	3	2			1	5	8	
7					8	9		
	8		6	5	7		4	

82

	1	5	2		8	6	3	
		6	3		4	5		
2				5				9
8			5	4	6			3
	4	7				1	5	
5			7	1	3			8
6				3				4
		4	1		5	9		
	2	9	4		7	3	8	

45

83

	9	8		1				2
	7			2	5	6	1	
		4			5	3	8	
3			1	6				
9		6				2		7
				9	2			3
6	8	5			7			
	4	2	3	5			9	
1				8		4	7	

84

7				2				3
	4	2	7		1	8	9	
		8	9		5	2		
1			2	5	8			9
	5	6				4	2	
2			6	4	9			1
		5	4		2	3		
	7	3	5		6	9	1	
8				9				5

85

		4	3				1	
6			4		9	8		
5			8		2	6		3
	4	5	6					2
3				2				4
9					1	7	8	
4		7	2		8			1
		1	7		3			6
	6			5		9		

86

1			7		9			
9			4	3	5			
3				2		7	4	9
		9	1		2		5	
7	1						6	8
	5		8		6	2		
5	4	8		1				3
			9	6	4			5
			3		8			2

87

		7	1		9		8	
	3	1			5	7		
				3	6	2	5	
4				6	1			2
2		5				1		9
3			5	2				6
	8	2	4	5				
		6	8			3	1	
	5		6		7	4		

88

		7	2					
1	2		8			4		
9				6	3		1	7
2	6				1		8	3
		9		3		5		
3	4		7				9	2
5	1		4	9				6
		6			5		7	8
					6	1		

89

			1	2			9	
4	5	8						2
		1	5			6	7	
5				3	7		6	9
	4		8		6		2	
7	8		9	5				1
	6	3			4	1		
2						9	4	3
	9			7	5			

90

4	8			6			3	5
7		6		1	5			8
			2			9		
	5		1			8	9	4
	7						6	
2	1	4			8		5	
		1			6			
3			9	4		5		2
9	4			7			1	3

91

	4		3		5			2
				8	6		9	1
8	3				1		4	
		8	1	9		6		
	1	9				5	3	
		7		6	3	9		
	6		2				8	3
2	9		7	1				
1			6		4		7	

92

	4			3	7	2	8	
		9	6					
3	7			1			4	9
2					9	5	3	7
1								6
9	8	3	5					2
5	3			6			2	4
					8	7		
	1	6	2	9			5	

93

		3		5		2		
	5	6			1	3	4	
4		8	3			5		7
3	6		7	4				
	8						7	
				2	9		3	1
9		4			5	6		2
	1	5	8			7	9	
		2		6		1		

94

7		4	9		8	3		
8			6		2	7		
	1			4				2
		9			7		2	3
		2		9		4		
5	8		1			6		
6				3			7	
		7	4		5			1
		1	8		9	2		5

95

			4	1		2		
3	7	6						4
		1			7	5	8	
8	6			7	2			1
	3		5		6		4	
7			8	9			5	2
	5	9	3			1		
4						2	3	9
	2		7	8				

96

9			3			4		7
8		3	2	1				
		1	9		6			2
	7		1	8			9	
1	8						5	4
	2			9	4		8	
6			4		5	3		
				7	9	1		8
4		7			1			6

97

6		4	3				9	
3			7	5		8		
	8				2	7	1	
				9	4	5	8	1
		2				6		
5	9	8	1	3				
	5	9	6				7	
		6		4	7			2
	3				1	9		4

98

7	4			3	6	5		
		1	5		8	3		
2						6		9
				6	4		9	5
	8		2		5		1	
3	5		8	7				
9		4						7
		2	4		9	1		
		3	7	1			4	8

99

4	3		6	1				
8			3				2	5
	1		8		7			6
		5	1	4		8		
1		4				9		2
		6		8	2	4		
7			2		9		3	
2	5				1			7
				5	8		1	4

100

5		8			1	7		3
		3		6		2		
	2	6	7			9	5	
4	3		5	2				
8								1
				9	8		4	6
	8	7			4	1	9	
		2		7		4		
9		4	3			6		7

54

★★★

101

9								3
	8		9		3		1	
		1		5		6		
8		5	7		6	3		2
			5		8			
7		6	3		4	8		9
		8		7		4		
	4		6		9		2	
2								5

102

				5	7			6
3	5						9	
1	2				9		4	
			9					4
2		9				8		1
8					3			
	8		3				1	5
	9						8	7
7			5	9				

103

1	8						6	7
		4				3		
7			1		3			4
	1			4			3	
8			5		1			2
	3			9			7	
5			3		2			6
		9				5		
2	4						8	3

104

	4			3			7	
		7	9		5	2		
5								9
8	5		1		4		3	2
			3		2			
9	2		5		6		4	1
3								8
		8	4		9	6		
	6			1			2	

105

	2		1		4		9	
				6				
1			9		2			7
2	3		4		8		5	6
		6		7		8		
9	8		6		5		7	2
3			8		9			5
				3				
	4		5		1		8	

106

	7						8	
2			6		5			9
3	1						2	5
		7	4	1	8	2		
		9	3	7	6	5		
5	3						4	8
4			2		9			1
	9						5	

107

			8					
		4	6		1	5		
1			4		3			6
9		1	3		2	8		7
	8			5			2	
2		6	8		7	1		5
3			7		4			2
		9	2		6	7		
				9				

108

	4		7	5	6		1	
	2	3	1		4	8	7	
4	5		2		1		8	7
2								5
6	8		9		5		3	1
	6	2	4		9	1	5	
	1		5	6	7		2	

109

4		2		1		9		6
	7	3				8	2	
	8		1		9		6	
		9				7		
	4		7		3		1	
	2	5				1	9	
8		1		4		6		3

110

	3		6		9		8	
		9	1		8	6		
				7				
	6	3	2		7	5	9	
5				3				7
	7	2	5		1	4	6	
				4				
		5	8		2	1		
	2		9		5		4	

111

		2	3					
		8		1		6	3	9
		4		9	8			
	3							1
	7	9				5	6	
2							8	
			8	7		4		
5	8	6		2		3		
					5	1		

112

				5				
3	8						5	4
		2	3	4			7	6
8		7			9			
		6				8		
			8			6		9
4	9			1	5	7		
1	6						8	5
				8				

113

6	1		9	3			7	5
		9						
			6	5				
		5		1			9	
	8		4		5		1	
	9			2		8		
				6	2			
						4		
2	3			4	7		8	1

114

			4			8		
					9	2	7		
4	5	7		3		9		
3							2	
	1	6				4	8	
	2							7
		9		8		2	5	6
		2	7	1				
		3			6			

115

4			6		2			5
8		5		1		9		7
		2				6		
			1		8			
		9				2		
			9		4			
		3				8		
6		1		4		3		9
5			3		9			1

116

6	2			9			3	5
4								8
	7		4		8		6	
			2		9			
5								4
			7		5			
	6		5		1		9	
1								2
9	8			7			5	1

117

		2				1		
5			7		6			8
	9		3		2		4	
3		7	9		4	8		6
1		8	2		7	5		4
	5		4		3		8	
2			6		1			9
		6				3		

118

			4	3	9			
		5		2		9		
	6	3	8		5	4	2	
	5						4	
		8				1		
	9						3	
	4	6	1		8	7	5	
		1		4		8		
			6	7	2			

119

6	9	8		5		7		
			9			4		
				7	1	8		
1							8	
2		3				9		4
	5							1
		1	8	2				
		5			3			
		7		4		1	3	6

120

				1		9		3
						2		8
	6				4		1	
	8	7	5					
		9		3		1		
					6	3	7	
	9		8				5	
8		3						
4		2		9				

★ ★ ★

121

		5	3		2	9		
3								6
	1	2		8		3	5	
	7		6				3	
			1		4			
	3			7			8	
	2	7		9		8	6	
1								4
		9	7		3	1		

122

	8					3	4	
		3	1	8				
	4		7			1	9	
			8			5		
8		6				9		4
		4			7			
	6	9			8		5	
			1	3		2		
	1	7					8	

123

		3	1		4	2		
4								1
6		9		7		8		3
			2		6			
1								6
			8		7			
5		6		2		4		7
8								5
		7	6		5	3		

124

			8	5	6			
	9						6	
6	8		9		3		5	2
8	6		2		4		7	5
5								1
1	7		6		5		4	8
7	2		5		9		1	6
	3						2	
			7	2	1			

125

6		9		8				
			5				7	
3						4		
		6			1		2	
8		1		9		7		6
	4		7			3		
		8						9
	1				2			
				6		5		3

126

		9		5				7
	3		1			8		2
2	1						4	
					6	3	9	
	6	2	5					
	2						1	9
4		6			3		8	
7				8		6		

127

4		2	8	1		6		5
			2	6				
	8							
8				9			3	
3			7		6			4
	6			4				8
							7	
				2	9			
1		9		7	5	4		3

128

4		3		2				
			3		8		5	
9			5					
3	6				5			
2				3				4
			1				7	6
					9			3
	1		7		3			
				4		8		9

129

			3	1	7			
3	6		4		5		7	1
1								8
9	2		5		6		3	7
	3						5	
7	5		9		1		2	6
6								4
5	1		8		4		6	2
			6	5	2			

130

	1	4						
3					5			6
	7	8		3				
9	8				6			
	3			8			7	
			2				9	4
				7		5	1	
2			4					7
						4	8	

131

					3			4
1	3	5		2				8
			8	5				9
		2					3	
6	1						7	5
	8					4		
9				7	8			
3				4		6	8	1
2			6					

132

9			7		1			2
1		3				5		7
	2						8	
		6		8		1		
7			4		2			3
		1		5		4		
	1						5	
6		9				3		4
5			1		4			6

133

9	7							2
1	5		4					9
			5	2			7	
					4		9	
	1	9				2	8	
	3		2					
	6			5	7			
3					2		1	8
2							4	5

134

	3			4	7			
	4			5		2	3	8
	1		2					
		3						7
1	2						6	9
7						5		
					6		5	
8	7	6		1			4	
			3	9			7	

135

		7	2			5		
			1	5			6	8
							4	2
			9			2		
	3			8			5	
		4			7			
2	8							
6	5			3	8			
		3			1	9		

136

				9				
5	8						6	9
		3		6	8		1	7
					5	1	4	
		1				5		
	5	7	4					
4	6		9	2		7		
1	2						9	5
				5				

137

5	8						6	3
	6	7				2	1	
			2		7			
3			5		6			4
			1		2			
7			9		4			8
			3		8			
	5	8				9	3	
1	9						8	7

138

9					5			
6				1		7	5	3
8			7	2				
		7					1	
5		3				2		4
	9					6		
				4	7			8
3	4	6		9				7
			6					1

139

	7		2		8		4	
				9				
		8	7		4	3		
	5	7	6		2	9	1	
9				3				6
	6	4	1		9	7	3	
		5	4		6	1		
				5				
	2		8		1		6	

140

	2						6	
9			2		4			7
		3	1		6	5		
	7	4	8		5	1	9	
	9	6	4		3	2	8	
		9	6		8	7		
4			5		2			3
	1						5	

141

		6	7	8			5	3
				2				
9	7						8	2
			9			5	4	
		5				9		
	9	3			4			
5	1						2	9
				9				
4	8			1	2	3		

142

			4		1	7		9
				6			4	
					7	2		6
9		4	3		6	1		5
	2						9	
7		1	9		8	3		2
1		8	7					
	9			1				
2		5	8		4			

143

		4		9				6
	9		1			4		8
5	7						2	
					3	2	4	
	5	1	4					
	8						7	2
2		9		7		1		
6				3		5		

144

3	9			2	7		4	6
		7						
				6	3			
	7			5		1		
	1		6		8		9	
		6		9			7	
			5	3				
						8		
5	2		4	8			1	9

145

	6			3			4	
		4	9		5	7		
1			2		8			3
	4	2				5	9	
5								1
	8	1				6	3	
3			5		7			4
		9	3		4	1		
	2			8			7	

146

		1	7		8	4		
7	8						5	2
		4				9		
	9			3			6	
		5	2		9	3		
	4			5			2	
		2				6		
9	3						1	7
		6	1		7	8		

147

		7				3		
		4	7		6	8		
9	5			2			1	6
	1			9			3	
			4		2			
	3			7			8	
5	8			4			6	7
		1	5		9	2		
		3				9		

148

4			8			1		
	6		3				9	4
2		7					3	
9					5			
		5				4		
			1					8
	2					7		6
8	9				1		2	
		3			2			1

149

	7		1		4		6	
	9						1	
4		3		8		2		5
		9		5		3		
			6		8			
		7		1		9		
1		4		6		7		2
	5						9	
	8		2		5		3	

150

				6	8	7		
2		8			4			3
3		7						6
		5			6			
	3	2				1	6	
			4			3		
6						4		8
5			6			2		1
		9	7	8				

79

151

		4	9			2		
8	6							
5	3			4				
					1	8	7	
	4			5			3	
	5	7	2					
				3			6	9
							5	8
		1			8	3		

152

			2				6	
				9	8		3	
2	1	8		7			4	
7						8		
	5	9				1	2	
		4						6
	8			6		4	1	5
	3		8	5				
	7				4			

153

5	7			9			6	1
1			8		7			4
7		8				2		9
	2	5				3	4	
9		4				1		6
2			5		4			7
4	8			6			9	3

154

			4					3
		4	6		2			
				8			6	9
					4	5		6
9				6				8
5		7	1					
3	2			9				
			7		6	1		
6					3			

155

7		6		3		2		4
		5	1		4	6		
	6	7				3	5	
5	9						2	8
	8	3				4	1	
		4	2		5	8		
3		9		7		5		1

156

		7		2		8		
4			9		3			7
	2		6		1		5	
8		2				1		5
	5						3	
3		9				7		6
	7		3		4		2	
5			2		7			9
		4		1		6		

157

	7		8		5		9	
8								6
		2	4		6	3		
7		6	5		2	8		1
9		5	1		3	4		7
		7	6		1	9		
4								3
	5			3		8		2

158

		8				7		
	7		5		1		3	
3			9		4			2
	2	3	4		6	1	5	
	4	1	3		8	6	2	
5			7		9			1
	9		6		2		8	
		6				9		

159

7								4
	4		9		1		2	
		6	4		3	8		
8			1	4	7			5
	3						9	
1			3	9	5			8
		9	6		8	5		
	7		5		4		1	
6								2

160

8			5		7			4
		9	6		2	1		
	3			4			9	
	9	7				6	2	
6								8
	5	8				3	4	
	7			5			1	
		2	9		4	8		
4			1		6			9

161

9			3				6	5
	4	2						9
	3		9			7		
			8				5	
		1				8		
	6				3			
		3			6		1	
7						2	9	
5	1				7			4

162

	7	1			4		3	
	6	5					4	
				6	9	8		
			4			3		
4			7			1		2
		2			5			
		9	6	4				
	4					9	2	
	2		5			6	1	

163

		9	6		5	3		
3								2
	8			1			9	
1	5		9		7		8	6
			8		2			
8	2		5		1		7	3
	4			2			5	
6								7
		8	7		6	4		

164

	2		4	9	6		5	
5	4		8		1		9	2
	7	5	1		4	9	3	
		4				2		
	3	6	2		5	8	4	
3	6		5		8		2	7
	5		6	4	9		8	

165

	6						9	
1			9		6			8
		2		7		1		
	9	8	6		4	2	5	
			7		8			
	3	6	5		2	7	8	
		4		5		8		
3			2		9			4
	7						3	

166

				1		5	9	
8			3					
		6					2	
4					7	9		
	6	8		2		7	1	
		1	8					3
	9					4		
					5			7
	1	2		6				

167

5						3		2
		4		7			1	
	1	6			9			7
					1		9	3
1	5		8					
9			2			5	7	
	3			8		4		
2		5						6

168

				2			8	
			8		7	2		3
			1		3	9		6
		1	4		8	6		7
	5						3	
7		3	5		6	1		
2		7	3		4			
5		8	9		2			
	1			8				

88

169

	4	1				5	9	
3				5	1	6	7	
				9				
					4	8		6
6								4
7		4	8					
				4				
	8	5	9	2				7
	6	2				9	4	

170

	6						5	7
2				1		4		
8		4	3				1	
			4			3	7	
	4	6			9			
	3				5	1		6
		7		9				2
6	5						8	

171

		9				8		
	8		3		9		5	
4			8		6			2
	3	7	9		1	2	4	
	1	2	5		7	9	3	
7			1		8			3
	6		2		4		7	
		5				6		

172

3		6				4		1
		2	4		6	7		
	5						2	
8				3				4
		1	2		8	6		
4				5				9
	3						4	
		9	8		4	3		
1		8				9		7

173

9				7		5		
3		1	2				4	
	6						2	3
	5	4			8			
			7			3	8	
5	2						3	
	1				4	8		6
		8		1				9

174

	1	7						
3			8					5
	2	9	1	3				
					5			7
	3			1			2	
6			4					
				2	8	1	9	
4					7			2
						7	6	

175

	2		8					
	9			1		7	5	8
	5			6	4			
		5						4
	8	6				1	3	
2						5		
			5	9			4	
3	4	7		2			9	
					3		1	

176

	8	1			7			
2				8				
	3	9	5		1			
	2	5	6		4	8	9	
3								2
	7	8	1		2	4	3	
			8		5	7	2	
			6					5
			7			3	6	

177

4	1			9			2	7
5		7				3		6
		9	3		6	2		
3								4
		1	9		4	5		
9		4				7		8
1	6			2			5	9

178

	6		1		8		5	
8			2		5			9
				3				
9	8		7		2		1	6
		3		4		5		
6	1		3		9		2	7
				2				
1			4		7			2
	4		8		3		7	

179

5		1		4		9		2
2	8						6	7
	2		3		1		4	
3								8
	5		2		8		9	
9	6						3	1
8		5		2		4		6

180

			9		3			
	6	3				5	8	
5		9				7		3
	3		5		1		6	
			8		2			
	1		7		4		9	
2		8				4		6
	9	4				3	7	
			2		6			

181

4			1		6			7
				8				
	6		5		7		1	
8	9		3		5		2	1
		3		4		8		
1	4		9		8		3	6
	3		7		9		5	
				2				
9			6		3			2

182

	2		6		4		8	
	6	4		3		2	5	
		9				4		
			9		2			
		1				6		
			3		6			
		5				1		
	7	6		2		8	9	
	8		1		5		3	

183

6			9		7			5
2								6
	1	4				7	9	
		3		8		2		
8			1		2			4
		1		4		6		
	9	5				8	2	
3								1
7			5		9			3

184

2			8		6			3
	9			2			5	
		3	7		5	9		
9	3						1	8
		1				5		
5	8						4	7
		4	9		1	6		
	5			8			2	
7			4		2			9

96

185

		8	5			1	4		
				2					
7			8		6				5
4		1	6		9	5			7
	8			3			2		
9		6	7		2	1			4
6			9		3				1
				6					
		9	2		5	3			

186

		8	9		6	7		
5	2			4			3	6
		9			1			
	1		9			7		
		8		4				
	3		5			1		
		1			5			
2	7		8			6	9	
		3	2		5	4		

187

	3						1	
4			1		2			3
		9	5		3	6		
6	9		7		1		8	2
2	1		8		4		9	7
		2	3		7	8		
8			6		9			5
	5						4	

188

1		9			5		4	
	6					8	7	
		3		4				1
					1		8	5
6	1		2					
8				2		3		
	7	6					9	
	5		7			6		4

189

1	3		2		7		6	8
	8						2	
			6	3	8			
6	9		8		3		4	5
5								3
3	4		1		9		8	6
			4	1	5			
	1						7	
8	5		3		2		1	4

190

2				8				3
			9	4	1			
9	8		2		3		6	4
	6						8	
3								2
	5						7	
7	9		3		6		1	8
			8	7	5			
6				1				5

191

					8			4
	1		2	4		7		
	2	3		5				
			4					1
	5			3			6	
8					9			
				6		2	5	
		6		9	5		3	
9			7					

192

9		3	8		6			
	2			7				
8		7	5		2			
5		9	2		4	6		
	8						1	
		6	9		1	8		5
			7		3	2		1
				2			6	
			4		8	5		7

193

						3		
	1		4					
			3	8		5		7
7	3		2				6	
		5		3		8		
	9				1		3	2
3		7		5	4			
					9		2	
		6						

194

		1	2	7	9	4		
4		7	8		5	9		1
	5	9	1		4	6	2	
	4						9	
	7	6	9		8	3	1	
3		4	5		1	2		6
		5	7	9	2	1		

195

	5		9		8		6	
				5				
7			6		4			9
5	1		7		9		2	6
		2		3		9		
9	8		2		6		1	3
1			4		7			8
				2				
	4		8		1		3	

196

3			7		2			4
	6		8		3		2	
				9				
8	5		9		6		4	7
		3		1		9		
7	4		5		8		6	2
				8				
	8		1		5		7	
5			2		9			1

197

	4						7	
		2	8		3	4		
5		8				3		9
8				9				6
		3	4		6	5		
1				7				8
2		1				6		5
		9	6		8	1		
	8						9	

198

3								2
		9	2		5	8		
	1		4		7		6	
6	9		7		2		3	1
1	4		9		8		5	7
	8		3		4		2	
		1	5		9	6		
5								4

199

9					4			
		3				7		
		4	2	3		6		
				9		2	8	
	8	9	3		1	5	7	
	1	6		7				
		5		4	2	3		
		1				8		
			7					2

200

4	7	6		3			5	
			5	6			8	
					4		9	
		3						4
7	1						6	2
5						9		
	3		1					
	8			2	5			
	4			9		1	7	5

201

2		1		6		5		9
	8		1		3		7	
	4						3	
4				5				2
			6		7			
8				3				4
	5						4	
	6		5		9		2	
1		3		7		9		8

202

			4	2	9			
		8				2		
	4	2	3		1	9	6	
	9	4	6		3	7	5	
	3						9	
	5	6	2		7	4	3	
	6	5	1		8	3	2	
		1				6		
			5	3	6			

203

			7			8		
7	6	3		9		5		
				5	1	3		
	1							3
	2	4				7	8	
9							1	
		1	3	2				
		5		8		1	6	4
		9			4			

204

		2			7	8		
1	9			2	5			
3	7							
			8			3		
2				9				4
		7			6			
							7	9
			9	4			1	2
		6	5			4		

205

	9						2	
6			1		7			5
4	8						6	1
		9	2	8	3	6		
		5	7	9	4	1		
1	4						3	2
3			5		6			8
	5					1		

206

	1						6	
4			7		3			8
		8	9		2	1		
	5	4	6		8	7	9	
	9	2	5		7	4	8	
		6	4		5	3		
9			3		1			2
	3						5	

207

3				1				4
	8		9		5		6	
		9	2		4	5		
5	3						2	8
		2				6		
1	6						7	9
		6	3		1	9		
	5		8		2		4	
7				9				5

208

				8	5	6		3
	1				9		8	
						9		7
	7		1					
2				6				8
					4		9	
6		9						
	2		5				4	
8		3	6	2				

209

		4		7	8		6	2
8	9						3	7
				9				
					6	4		9
		9				3		
6		3	9					
				8				
2	8						9	1
3	4		1	2		5		

210

		1	2		7	3		
5			9		8			7
	8						6	
	9		1	2	3		7	
		4				5		
	3		7	5	4		9	
	1						2	
8			4		2			9
		2	3		5	6		

211

		7			4		2	
8	2				5			3
5						1	6	
		9				8		
	2				9			
	4			7				
	3	1						6
6			7				4	8
	7		6			5		

212

	3		9		6		2	
9			3		5			8
				8				
1	7		4		9		3	5
		3		7		4		
4	9		2		3		8	1
				4				
7			5		1			6
	5		6		2		1	

★★★

213

	9						3	
	2	7				8	5	
		5	1		8	4		
9			6	2	3			5
4			7	9	1			8
		6	5		4	2		
	7	8				3	6	
	4						8	

214

	9		5		4		7	
	5	7				2	6	
		8				1		
7			8	2	3			1
5			4	1	6			9
		5				9		
	8	3				6	5	
	2		9		7		3	

215

		5	9		7	4		
9	1			3			6	2
		8				7		
	8			2			1	
			3		4			
	5			7			8	
		2				8		
7	9			4			5	6
		3	2		6	1		

216

9		4				6		1
	3						5	
	8		9		4		3	
		3		6		1		
	6		1		5		7	
		5		7		2		
	2		8		9		4	
	1						2	
5		7				8		9

217

	4					8	5	
2		8			5		7	
		6		9				1
					9		3	8
7	1		3					
3				2		6		
	2		7			4		3
	5	1					8	

218

9	1			5			3	2
	3		4		9		8	
	9	4				6	5	
6		1				7		8
	5	8				3	2	
	6		1		8		9	
4	8			2			7	5

219

8			6		3			7
		6	2		8	3		
				9				
6		5	4		2	1		9
	9			7			4	
3		4	1		9	7		6
			5					
		2	8		1	4		
5			3		4			1

220

		8			4	6		
				6	2		9	1
							4	5
		5	8					
7				9				6
					3	4		
9	4							
6	1		9	7				
		7	2			3		

114

221

					7			6
	4							
	1	8		5	4			
4		3	6					9
	5			4			1	
2					3	8		4
			7	1		4	8	
							2	
3			9					

222

7				2				6
	9		3		8		7	
		4				9		
6		3	7		1	2		8
			6		4			
1		9	8		2	6		4
		1				3		
	5		1		3		6	
8				4				5

223

	2		7			3	5	
	4					6	2	
		6	3	4				
		2			7			
4		1				5		2
			4			9		
			3	6	8			
	3	7					4	
	1	5			4		9	

224

	3		9				5	
1		8		3				
2		6						
8	7		5					
3				8				1
					4		6	7
						6		8
				1		9		2
	4				6		1	

225

					1		9	
		5	9	3		2		
		8				7		
				6		9		7
7		6	8		2	5		1
8		4		1				
		2				1		
		3		2	9	4		
	6		3					

226

8			3		2			7
				4				
		3	7		8	5		
1		8	2		9	4		6
	4			5			9	
9		7	4		6	8		5
		1	9		7	6		
				1				
2			6		3			9

227

		7				8		
	3	1		5		7	2	
	9		2		7		1	
			5		2			
		2				4		
			8		1			
	5		4		3		9	
	8	9		1		2	6	
		4				3		

228

	7	4		1	5			
					9			8
	5							
5		3	8					6
	1			5			7	
2					3	4		5
							2	
3			6					
			9	7		5	4	

229

8	1			9	4			
					6	3		
	7							
1		8	3			7		
	9			8			2	
		6			5	8		3
							8	
		5	4					
			8	2			9	1

230

		1				5		
3		5		6		4		7
4			5		3			2
			3		6			
		8				3		
			4		1			
2			7		8			6
9		3		4		2		1
		7				8		

231

5								
		9						
		1	6					7
	8				3	5		
	1		4		6			
	9	7				2		
2				8	5			
					3			
								1

232

				8			5	6
6	1				7			
	5	4			1	3		
2						9	8	
	6	9						5
		5	6			8	4	
			9				3	2
3	8			2				

120

233

5					4			
		3		2		8	1	
	2					9		
3			5		8			
		8		9		2		
			2		7			6
		6					4	
	9	1		8		6		
			3					7

234

	8					6		
			1					9
	4	3		6			7	
			4		9			7
	6			8			4	
2			5		6			
	2			4		8	3	
5					7			
		1					2	

121

235

			6				2	5
						9	3	
				2			1	
4		7			3	5		
9			5		6			3
		8	1			2		4
	4			7				
	1	3						
7	5				8			

236

	1	3			8			
					9		2	
8				4			3	5
	6	2			3		7	
		1				6		
	8		4			2	9	
2	5			3				6
	7		2					
			6			7	4	

237

7		6				9		
			4		1			2
	3	4						
				1			3	
9			2		6			8
	1			3				
						6	2	
2			9		5			
		8				4		7

238

|
				8			1
4		1			3			
	3			5			8	2
7		8			4			6
		3				9		
1			5			8		3
5	2			4			6	
			6			5		9
8			7					

239

		3	4	7				
	6		9		3			
5	7	9						
			8	7	1			
9								2
		8	5	3				
						3	5	4
			1		2		7	
				6	4	2		

240

2			7		8			
	8		1	5				
5	7	3						
	9		3	8				
		7				4		
			9	5			6	
						1	8	3
			2	1			4	
			6		4			5

241

		4		7		8	9	
6					4			
	2					5		
3			1		7			
		8		9		7		
			8		6			2
		9					7	
			3					1
	4	5		8		3		

242

		7				9	1	
						6		5
	5		4		8			
				3				2
	4		5		6		7	
3				2				
			9		3		5	
2		9						
	1	6				4		

125

243

		8	7				3	
						7		2
	7		2				9	
3		5			8		6	
			9		5			
	6		3			2		5
	4				2		5	
8		7						
	9				1	3		

244

						9		3
	5		7				6	
		4	1				2	
5		7			4		8	
			5		2			
	8		3			5		4
	4				9	3		
	2				7		9	
7		9						

245

					9			6
	6				1		7	9
3				4		8		
9		2	6					
	7						5	
					8	7		4
		6		5				7
8	5		1				4	
2			3					

246

	7			2	4			
5	1					2		
			7					
	5			1				3
8			2		9			6
9				6			2	
					3			
		8					5	1
			4	8			6	

247

2	4				9			8
		7	1				4	
		1	8					
1	7		4	2				
				8	6		5	1
					4	6		
	6				8	7		
7			9				2	3

248

			1					
		4	8	6				
					5			
7	9							4
5				2				3
6							8	1
		8						
			3	5	7			
				9				

249

						5	2	
5			8		9			
	6						3	4
				1		7		
9			2		5			6
		1		7				
4	2						9	
			1		3			5
	3	7						

250

	9		5			3		2
		5		1		9		
			9				8	
7		6			2			
	1						5	
			8			6		3
	2				4			
		1		9		2		
4		8			3		7	

251

		6	8					
4	2				5		3	
		3	9					6
				4	8		7	3
1	7		6	9				
8					7	3		
	9		5				4	8
					9	7		

252

	8		3				1	
		7	1				9	8
		2			7			6
							2	3
		1				6		
4	5							
2			6			8		
5	7				2	1		
	9				3		7	

253

		9						
					4			
			8	7	6			
5							9	2
7				1				8
6	4							3
		3	9	5				
			2					
						7		

254

8			4			5		7
			3			6	2	
	6	7		2				
	2					7		3
3		4					8	
			7			8	4	
	4	9			1			
5		8			9			6

255

	6				8		3	
		2	5					1
	3	4			2			9
	4	7						
9								5
						8	2	
3			9			1	6	
2					3	5		
	1		8				9	

256

			4					3
		9					6	
	2	5		8		4		
			8		7			1
		8		9		6		
4			3		6			
		2		6		8	9	
	1					5		
7					2			

257

6				4		7		
	7		2					
8	5							1
		9		5		3		
			3		2			
		1		7		8		
4							8	5
					3		2	
		7		1				6

258

5				3		1		9
	7				2			
		3						6
	5		7		9			
9				6				3
			3		4		8	
8						2		
			5				4	
1		6		9				8

259

8				3		5		
			9					1
	6		4				3	7
6		8			7			
	3						8	
			5			1		2
2	8				4		5	
5					2			
		7		6				9

260

	7	4		8			5	
			5			9		6
		6	7					
		3	9			2		7
1								5
7		5			8	6		
					2	7		
8		1			3			
	3			9		8	4	

261

		7			4	3		
9		3			5		8	
5			6				2	
1		9						
	8						6	
						5		4
	5				3			6
	3		8			7		2
		2	4			8		

262

		9				3	6	
					7		4	
4				1		5		
2				6				8
			7		2			
3				4				9
		5		9				4
	7		2					
	3	6				1		

263

		4					5	
			7					9
	2	3		6		7		
5			9		3			
		6		2		3		
			6		8			1
		1		3		4	7	
8					1			
	6					2		

264

8	2			9				5
			5				7	
1							4	
			9		6	3		
9				2				8
		4	7		8			
	9							2
		6			3			
3				8			5	1

265

				7	1		5	
					9			
	4							
3						4		8
1				6				7
5		9						2
							1	
			8					
	2		4	3				

266

					4			
			2	9	5			
	7							8
						5	4	
	9			1			3	
	8	6						
4						2		
			7	8	3			
			6					

267

6				5			7	4
	9							1
		2			6			
		3	8		5			
9				1				5
			9		2	6		
			7			8		
4							3	
5	1			9				7

268

				5				4
							9	3
					8	5		2
	1	4	3				8	
		9	2		7	6		
	2				9	4	5	
1		2	7					
9	6							
3				1				

269

					4			
			1	3	9			
	8					2		
6	2							
	3			7			5	
							4	9
		4					1	
			8	2	5			
			6					

270

					8		9	
6							4	2
		3		1				7
		1		3		4		
			8		9			
		5		2		8		
7				6		3		
4	2							1
	3		9					

271

4			3			5	7	
	3			1			4	
			4					8
			8			7	2	
1								3
	2	6			5			
5					9			
	1			4			5	
	8	9			7			6

272

	8					7		
					3			1
	5	9		2			3	
3			7		1			
	2			8			7	
			4		2			6
	9			7		8	2	
4			9					
		6					5	

140

273

		9		5				
	8	6						
5		7			2			
	2		6				4	9
3			7		1			8
9	5				8		7	
			1			4		7
						8	3	
				4		6		

274

	2	1		5			3	
					3	6		1
		7			8			
		4			1	9		7
9								6
7		8	5			3		
			7			4		
4		5	9					
	9			1		2	7	

141

275

			9	4	8			
	5							2
					1			
4		1						
6				3				9
						7		5
			5					
8							4	
			7	6	2			

276

4		3						
1	2				6			
9				2				
	9	2			3	1		
	7		1		8		3	
		6	4			5	9	
				5				4
			8				1	5
						7		3

277

					5	6		
	7			9		2	5	
6		1			7			
		6	9			7		5
7								3
5		4			1	8		
			8			3		9
	2	9		1			8	
		5	4					

278

		6			7			
5							3	
	3			2			9	1
			2		8	7		
	4			1			2	
		3	6		4			
9	2			4			7	
	1							4
			5			8		

143

279

		9		2	7			
						5		
	2	4	5					
7				8			1	
	3		2		9		5	
	1			5				6
					4	9	6	
		3						
			8	3		4		

280

		9			7			
8							2	
	7			4			1	5
			1		9	8		
	1			5			4	
		6	3		4			
7	2			1			6	
	5							4
			6			3		

281

					8	4		
2				3	6		8	
	5					7		
			9					
	6						1	
					4			
		7					3	
	2		1	5				6
		9	7					

282

	7		3					9
								4
			5		6			2
	1				9			
8				4				5
			7				3	
5		4		8				
2								
7					6		9	

145

283

6			5			3		
	1						8	6
	4		9		6			
	2							
	6		7	5	4		9	
							7	
			1		8		4	
3	9						6	
		1			9			2

284

		3	2		7			
8	9							2
						3	9	
	1			5	9			
3		8				9		6
			6	1			8	
	3	6						
1							6	4
			1		4	7		

285

	2							1
							7	
1		9	4	3				8
		6		4		3	5	
				5				
	3	8		9		1		
3				1	2	9		6
	6							
7							1	

286

		3	9			4		
6	1			3				
	5							
					4	7		
	3	6		5		9	1	
		2	8					
						2		
				1			6	5
		8			7	1		

287

	2	6	7					
		8		4				
9		5			6			
1	4		3	5				
	7						3	
				8	9		1	2
			1			6		3
				6		8		
					2	1	5	

288

8	3			6				
9	5						4	
			1			7		
		4	7					
6				3				8
					2	5		
		2			5			
	6						5	3
				8			1	9

289

						2	9	
3								
		6		4				8
4	2				5			
1								6
			9				8	3
7				3		1		
								7
	5	2						

290

				1				6
9					8			
	3							7
	5						9	
		2		7		3		
	1						8	
8							4	
			3					5
6				2				

291

		8			9			
				4			6	1
4							5	2
		2	8					
	6			5			4	
					7	3		
2	3							9
5	1			6				
			2			7		

292

	8							
	3	1		4				
	6		5					2
					6			9
	4			8			7	
5			2					
6					1		2	
				7		8	4	
							3	

293

	7							
1				5			7	
						6		9
			6			9	3	
	8						1	
	5	4			2			
9		2						
	4			3				8
							5	

294

		1		2	3		6	
5					9			
9						8		
					5			
		6				3		
			4					
		2						9
			7					4
	1		6	8		7		

295

	7			8		3		
4		9						
							1	
					5		8	9
	3						6	
7	1		4					
	2							
						9		5
		6		1			2	

296

9						5	2	
	6		4		7			
			3					
								7
		8		2		1		
3								
				8				
			9		1		3	
	7	5						4

152

297

				8			2	
						6		
4	1		3		7			
								7
		8		5		9		
3								
			4		1		9	3
		5						
	9			2				

298

								4
	5				9			
			7			6	5	2
	4		5					
1				6				7
				8			9	
7	8	2		1				
			3				8	
6								

299

	9		7		6			
							9	8
8		5				6		
				1	3			5
	5	9				3	8	
1			8	4				
		1				2		3
9	3							
			2		1		7	

300

6				8	4		7	2
5						8		
		2						
	2			3		9	6	
				9				
	1	6		7			8	
						5		
		4						8
8	7		3	6				1

1

6	1	5	3	4	8	9	2	7
4	8	7	2	1	9	5	3	6
9	3	2	6	7	5	8	4	1
7	5	9	1	8	2	4	6	3
8	4	3	5	6	7	1	9	2
1	2	6	4	9	3	7	8	5
5	9	8	7	2	6	3	1	4
3	6	1	9	5	4	2	7	8
2	7	4	8	3	1	6	5	9

2

6	1	9	2	4	5	7	3	8
2	7	4	3	1	8	5	9	6
3	5	8	7	6	9	4	1	2
9	6	3	5	8	1	2	7	4
7	2	1	4	3	6	9	8	5
8	4	5	9	2	7	3	6	1
5	3	6	8	7	4	1	2	9
4	8	7	1	9	2	6	5	3
1	9	2	6	5	3	8	4	7

3

2	3	9	7	6	4	1	8	5
6	1	5	3	2	8	9	7	4
7	8	4	1	9	5	6	3	2
9	4	1	5	8	7	2	6	3
3	7	6	2	1	9	5	4	8
8	5	2	6	4	3	7	1	9
5	9	7	8	3	1	4	2	6
4	2	3	9	7	6	8	5	1
1	6	8	4	5	2	3	9	7

4

8	2	9	4	7	1	5	3	6
3	4	7	8	6	5	9	1	2
1	5	6	9	2	3	7	8	4
4	1	8	2	9	7	6	5	3
7	9	5	3	8	6	2	4	1
6	3	2	1	5	4	8	7	9
5	7	4	6	3	2	1	9	8
9	6	1	5	4	8	3	2	7
2	8	3	7	1	9	4	6	5

5

5	7	3	9	8	4	2	6	1
9	2	8	6	1	3	7	4	5
4	6	1	5	2	7	8	3	9
3	1	6	8	7	9	4	5	2
2	5	4	1	3	6	9	8	7
7	8	9	4	5	2	6	1	3
8	3	7	2	6	1	5	9	4
6	9	2	3	4	5	1	7	8
1	4	5	7	9	8	3	2	6

6

4	8	1	6	2	7	3	9	5
5	7	9	4	3	8	1	2	6
6	3	2	1	9	5	7	4	8
2	1	7	5	6	4	8	3	9
9	6	3	2	8	1	4	5	7
8	4	5	3	7	9	6	1	2
1	5	8	7	4	2	9	6	3
7	2	6	9	1	3	5	8	4
3	9	4	8	5	6	2	7	1

7

2	3	9	8	5	1	6	4	7
6	8	4	7	2	9	3	5	1
5	1	7	3	6	4	2	8	9
3	4	6	9	8	5	7	1	2
9	7	8	6	1	2	4	3	5
1	2	5	4	3	7	9	6	8
8	9	3	5	7	6	1	2	4
7	5	1	2	4	3	8	9	6
4	6	2	1	9	8	5	7	3

8

3	8	1	5	9	6	4	2	7
4	9	5	7	1	2	8	6	3
6	2	7	4	8	3	1	9	5
8	5	3	2	7	1	6	4	9
1	7	2	6	4	9	3	5	8
9	4	6	8	3	5	2	7	1
7	3	8	9	6	4	5	1	2
5	6	9	1	2	8	7	3	4
2	1	4	3	5	7	9	8	6

9

5	7	2	4	9	1	6	8	3
6	8	9	7	5	3	4	1	2
1	4	3	2	8	6	9	7	5
3	1	5	6	7	2	8	9	4
9	2	7	5	4	8	1	3	6
4	6	8	3	1	9	2	5	7
8	3	4	1	2	5	7	6	9
7	9	6	8	3	4	5	2	1
2	5	1	9	6	7	3	4	8

10

2	3	9	5	6	4	8	1	7
1	8	4	7	2	3	5	6	9
6	7	5	9	8	1	2	3	4
7	9	3	8	4	5	6	2	1
8	2	1	3	9	6	7	4	5
4	5	6	2	1	7	9	8	3
9	6	7	1	3	8	4	5	2
3	4	2	6	5	9	1	7	8
5	1	8	4	7	2	3	9	6

11

3	7	5	8	4	1	2	9	6
9	6	4	3	2	7	8	1	5
2	8	1	9	6	5	3	7	4
8	5	9	2	7	6	1	4	3
4	2	3	1	5	8	9	6	7
7	1	6	4	9	3	5	2	8
6	3	7	5	1	2	4	8	9
1	9	8	7	3	4	6	5	2
5	4	2	6	8	9	7	3	1

12

6	7	2	1	8	5	3	9	4
8	1	9	7	4	3	5	6	2
3	5	4	2	9	6	8	1	7
7	3	8	9	6	4	2	5	1
4	6	5	8	2	1	7	3	9
9	2	1	5	3	7	6	4	8
1	9	6	3	7	8	4	2	5
2	4	7	6	5	9	1	8	3
5	8	3	4	1	2	9	7	6

13

6	5	4	7	1	2	3	9	8
7	9	8	3	5	6	1	2	4
3	2	1	8	4	9	5	7	6
5	3	6	4	9	7	2	8	1
1	8	2	6	3	5	7	4	9
9	4	7	2	8	1	6	3	5
2	7	9	5	6	4	8	1	3
8	1	5	9	7	3	4	6	2
4	6	3	1	2	8	9	5	7

14

3	5	7	1	2	6	9	4	8
9	2	8	4	7	3	1	6	5
6	4	1	5	8	9	2	3	7
8	9	3	7	4	1	5	2	6
2	1	6	3	5	8	7	9	4
4	7	5	6	9	2	3	8	1
7	6	9	2	1	4	8	5	3
1	3	2	8	6	5	4	7	9
5	8	4	9	3	7	6	1	2

15

9	7	6	5	4	8	2	1	3
2	8	5	1	3	9	4	7	6
3	1	4	2	7	6	9	5	8
1	3	2	9	8	4	7	6	5
6	9	8	3	5	7	1	2	4
5	4	7	6	1	2	3	8	9
4	6	1	8	2	3	5	9	7
8	2	3	7	9	5	6	4	1
7	5	9	4	6	1	8	3	2

16

6	8	4	7	3	5	1	9	2
9	7	2	6	4	1	5	8	3
3	5	1	2	9	8	4	7	6
2	1	8	9	5	3	6	4	7
7	6	5	8	2	4	3	1	9
4	9	3	1	6	7	2	5	8
5	4	9	3	7	2	8	6	1
1	3	7	5	8	6	9	2	4
8	2	6	4	1	9	7	3	5

17

4	7	8	6	9	3	5	1	2
9	1	5	8	4	2	6	7	3
2	3	6	7	5	1	4	8	9
7	9	4	1	2	6	8	3	5
5	8	2	3	7	4	1	9	6
3	6	1	5	8	9	7	2	4
1	2	9	4	6	7	3	5	8
6	5	7	9	3	8	2	4	1
8	4	3	2	1	5	9	6	7

18

2	7	3	1	4	8	5	9	6
1	6	9	2	7	5	8	4	3
5	8	4	9	3	6	7	1	2
9	3	2	5	8	1	6	7	4
6	4	5	7	9	2	1	3	8
8	1	7	3	6	4	9	2	5
3	2	6	8	1	7	4	5	9
7	5	8	4	2	9	3	6	1
4	9	1	6	5	3	2	8	7

19

8	6	3	5	2	1	4	9	7
1	2	7	9	8	4	3	6	5
9	4	5	6	3	7	1	2	8
2	8	9	1	6	5	7	4	3
4	7	1	3	9	2	8	5	6
5	3	6	7	4	8	9	1	2
3	5	4	2	7	9	6	8	1
7	9	2	8	1	6	5	3	4
6	1	8	4	5	3	2	7	9

20

6	2	7	8	5	4	9	3	1
4	8	1	2	9	3	7	5	6
9	5	3	6	7	1	8	4	2
2	6	5	1	3	7	4	9	8
7	1	4	5	8	9	2	6	3
3	9	8	4	6	2	1	7	5
1	3	2	7	4	6	5	8	9
8	7	6	9	1	5	3	2	4
5	4	9	3	2	8	6	1	7

21

8	1	7	3	2	9	6	4	5
2	3	6	4	8	5	7	1	9
9	4	5	6	1	7	3	2	8
6	2	8	7	9	4	5	3	1
1	9	3	5	6	2	8	7	4
5	7	4	1	3	8	9	6	2
7	8	9	2	4	6	1	5	3
3	5	2	9	7	1	4	8	6
4	6	1	8	5	3	2	9	7

22

5	8	4	6	7	3	2	1	9
6	7	2	9	1	5	8	4	3
1	3	9	8	2	4	5	6	7
4	9	8	1	5	2	3	7	6
7	6	5	4	3	9	1	2	8
2	1	3	7	6	8	9	5	4
9	2	1	3	4	7	6	8	5
8	4	6	5	9	1	7	3	2
3	5	7	2	8	6	4	9	1

23

9	5	1	7	4	3	8	2	6
7	8	6	5	1	2	9	3	4
4	2	3	9	6	8	1	7	5
3	6	2	8	5	1	4	9	7
8	4	7	3	2	9	6	5	1
5	1	9	6	7	4	3	8	2
1	3	5	4	9	7	2	6	8
6	9	4	2	8	5	7	1	3
2	7	8	1	3	6	5	4	9

24

8	9	6	2	4	5	1	7	3
7	2	1	3	9	6	5	4	8
5	3	4	7	1	8	2	9	6
4	6	8	5	7	1	9	3	2
9	5	3	6	8	2	4	1	7
1	7	2	4	3	9	6	8	5
2	4	9	8	5	7	3	6	1
3	8	5	1	6	4	7	2	9
6	1	7	9	2	3	8	5	4

25

2	3	7	5	4	8	9	6	1
8	9	6	2	3	1	4	7	5
4	1	5	6	9	7	3	2	8
3	6	8	7	1	2	5	4	9
1	2	4	9	5	3	6	8	7
5	7	9	4	8	6	1	3	2
6	8	3	1	2	9	7	5	4
9	5	2	3	7	4	8	1	6
7	4	1	8	6	5	2	9	3

26

3	1	9	8	4	2	7	5	6
8	6	2	5	3	7	1	9	4
5	4	7	9	1	6	8	3	2
6	8	3	4	9	5	2	7	1
9	7	1	2	6	8	3	4	5
2	5	4	3	7	1	6	8	9
4	9	8	6	2	3	5	1	7
1	3	6	7	5	4	9	2	8
7	2	5	1	8	9	4	6	3

27

2	4	9	7	3	6	5	8	1
5	3	6	9	8	1	7	4	2
7	8	1	2	4	5	9	3	6
6	5	7	3	2	4	8	1	9
3	1	4	8	5	9	6	2	7
8	9	2	1	6	7	3	5	4
1	6	3	5	9	2	4	7	8
4	7	5	6	1	8	2	9	3
9	2	8	4	7	3	1	6	5

28

6	4	8	2	3	9	5	1	7
9	7	3	1	5	6	4	8	2
5	2	1	8	4	7	9	6	3
2	8	6	7	1	4	3	9	5
1	5	7	9	2	3	8	4	6
4	3	9	5	6	8	2	7	1
3	9	5	6	8	1	7	2	4
8	1	4	3	7	2	6	5	9
7	6	2	4	9	5	1	3	8

29

7	2	6	9	8	5	4	3	1
9	8	3	7	1	4	5	2	6
5	4	1	2	6	3	7	9	8
8	7	2	5	9	1	3	6	4
6	9	4	8	3	2	1	5	7
1	3	5	4	7	6	9	8	2
4	5	7	3	2	8	6	1	9
2	6	9	1	5	7	8	4	3
3	1	8	6	4	9	2	7	5

30

3	7	5	2	1	6	9	4	8
1	9	6	8	7	4	3	2	5
8	2	4	9	3	5	1	6	7
9	1	2	4	5	7	8	3	6
4	8	7	6	9	3	2	5	1
6	5	3	1	2	8	4	7	9
5	4	1	7	8	2	6	9	3
2	3	9	5	6	1	7	8	4
7	6	8	3	4	9	5	1	2

31

8	2	3	4	1	6	7	5	9
9	6	7	8	5	2	1	4	3
4	1	5	9	3	7	8	6	2
1	7	6	2	4	5	3	9	8
5	8	2	3	7	9	4	1	6
3	4	9	6	8	1	5	2	7
6	5	1	7	2	3	9	8	4
2	3	4	1	9	8	6	7	5
7	9	8	5	6	4	2	3	1

32

2	8	9	3	7	1	5	4	6
1	3	6	9	5	4	2	8	7
7	4	5	2	8	6	3	1	9
6	5	4	7	3	9	1	2	8
3	9	2	8	1	5	7	6	4
8	7	1	6	4	2	9	3	5
4	2	7	5	6	3	8	9	1
5	6	3	1	9	8	4	7	2
9	1	8	4	2	7	6	5	3

33

4	8	3	5	6	2	7	9	1
9	6	7	4	8	1	2	3	5
5	2	1	7	9	3	6	8	4
6	1	5	8	2	4	9	7	3
2	4	8	9	3	7	5	1	6
3	7	9	1	5	6	8	4	2
8	9	2	3	1	5	4	6	7
7	3	6	2	4	8	1	5	9
1	5	4	6	7	9	3	2	8

34

5	3	7	8	4	9	2	1	6
6	4	1	2	7	3	8	5	9
2	9	8	6	1	5	7	4	3
7	2	5	3	6	1	9	8	4
4	8	9	7	5	2	3	6	1
1	6	3	4	9	8	5	2	7
9	1	6	5	2	7	4	3	8
8	5	4	9	3	6	1	7	2
3	7	2	1	8	4	6	9	5

35

1	6	2	9	5	8	4	3	7
8	4	3	6	1	7	2	5	9
5	7	9	4	3	2	8	1	6
6	2	5	7	8	9	1	4	3
9	3	8	1	4	5	7	6	2
7	1	4	3	2	6	9	8	5
3	8	7	2	6	4	5	9	1
2	5	6	8	9	1	3	7	4
4	9	1	5	7	3	6	2	8

36

7	2	4	9	5	1	6	3	8
6	9	3	7	4	8	1	2	5
5	8	1	6	2	3	4	7	9
3	4	7	2	6	9	5	8	1
2	1	8	4	3	5	9	6	7
9	5	6	8	1	7	2	4	3
8	6	5	1	7	2	3	9	4
4	3	9	5	8	6	7	1	2
1	7	2	3	9	4	8	5	6

37

5	4	7	2	6	3	1	8	9
6	8	2	1	4	9	7	3	5
3	9	1	7	5	8	4	6	2
1	2	6	9	7	4	3	5	8
7	5	9	3	8	1	6	2	4
8	3	4	5	2	6	9	7	1
9	7	3	8	1	5	2	4	6
4	1	5	6	3	2	8	9	7
2	6	8	4	9	7	5	1	3

38

3	2	5	4	1	9	7	8	6
8	6	7	2	5	3	4	9	1
4	1	9	7	8	6	2	3	5
2	3	8	1	9	5	6	7	4
5	9	4	3	6	7	1	2	8
1	7	6	8	2	4	9	5	3
7	4	1	9	3	8	5	6	2
6	8	2	5	7	1	3	4	9
9	5	3	6	4	2	8	1	7

39

5	1	9	3	6	7	4	2	8
3	7	8	9	2	4	6	5	1
2	6	4	5	1	8	3	9	7
6	4	7	8	5	9	1	3	2
1	9	3	4	7	2	5	8	6
8	2	5	1	3	6	9	7	4
7	8	1	6	9	3	2	4	5
9	5	2	7	4	1	8	6	3
4	3	6	2	8	5	7	1	9

40

7	6	5	4	8	9	3	2	1
3	9	1	6	5	2	4	7	8
2	4	8	7	3	1	6	5	9
4	2	7	8	9	6	1	3	5
9	5	6	1	7	3	2	8	4
8	1	3	2	4	5	9	6	7
6	3	4	5	1	8	7	9	2
5	7	2	9	6	4	8	1	3
1	8	9	3	2	7	5	4	6

41

3	9	7	2	8	4	6	1	5
5	8	2	1	6	9	3	7	4
6	1	4	7	5	3	9	8	2
2	4	8	6	3	7	5	9	1
1	6	9	5	4	2	8	3	7
7	5	3	8	9	1	2	4	6
8	2	1	3	7	5	4	6	9
4	3	5	9	1	6	7	2	8
9	7	6	4	2	8	1	5	3

42

9	7	6	3	4	1	5	2	8
1	8	5	6	7	2	4	3	9
4	2	3	9	5	8	6	7	1
8	3	1	2	6	9	7	5	4
2	5	4	1	3	7	9	8	6
7	6	9	4	8	5	3	1	2
5	9	8	7	2	4	1	6	3
3	4	7	8	1	6	2	9	5
6	1	2	5	9	3	8	4	7

43

6	9	1	3	4	2	8	7	5
2	8	4	1	7	5	6	9	3
3	7	5	9	6	8	2	1	4
1	5	6	8	2	3	9	4	7
8	4	7	6	5	9	1	3	2
9	2	3	7	1	4	5	6	8
5	3	8	4	9	1	7	2	6
4	6	9	2	8	7	3	5	1
7	1	2	5	3	6	4	8	9

44

7	6	1	9	2	3	4	8	5
3	9	8	5	6	4	1	7	2
5	4	2	1	7	8	9	3	6
9	1	7	6	4	2	3	5	8
2	8	6	3	5	1	7	4	9
4	5	3	8	9	7	2	6	1
6	7	9	4	1	5	8	2	3
1	3	4	2	8	6	5	9	7
8	2	5	7	3	9	6	1	4

45

7	3	8	6	1	9	5	4	2
6	9	2	5	8	4	7	1	3
1	5	4	7	2	3	6	8	9
4	1	9	3	6	2	8	7	5
2	8	7	1	4	5	3	9	6
5	6	3	9	7	8	4	2	1
9	2	6	8	5	7	1	3	4
8	4	5	2	3	1	9	6	7
3	7	1	4	9	6	2	5	8

46

8	5	3	7	4	2	6	9	1
6	7	9	5	8	1	4	2	3
2	1	4	9	6	3	5	7	8
7	9	5	8	1	6	3	4	2
4	2	6	3	7	5	1	8	9
1	3	8	4	2	9	7	6	5
9	6	7	1	3	8	2	5	4
3	8	2	6	5	4	9	1	7
5	4	1	2	9	7	8	3	6

47

2	5	8	6	9	7	3	1	4
7	9	4	8	1	3	6	5	2
3	1	6	2	5	4	7	9	8
6	7	9	1	2	5	8	4	3
8	2	3	9	4	6	5	7	1
5	4	1	7	3	8	2	6	9
9	8	5	4	6	2	1	3	7
4	3	7	5	8	1	9	2	6
1	6	2	3	7	9	4	8	5

48

7	8	9	2	3	1	4	6	5
5	2	3	4	6	8	9	7	1
1	6	4	5	9	7	2	8	3
3	9	6	8	4	5	1	2	7
4	7	5	1	2	6	3	9	8
8	1	2	3	7	9	5	4	6
2	4	1	6	8	3	7	5	9
9	5	8	7	1	4	6	3	2
6	3	7	9	5	2	8	1	4

49

6	2	9	4	3	5	8	1	7
4	7	5	1	9	8	2	3	6
3	1	8	7	2	6	9	5	4
1	6	2	9	5	7	4	8	3
5	8	3	6	1	4	7	9	2
7	9	4	2	8	3	1	6	5
2	5	6	8	4	9	3	7	1
9	4	7	3	6	1	5	2	8
8	3	1	5	7	2	6	4	9

50

7	4	9	8	3	5	2	6	1
3	1	6	7	2	4	8	5	9
8	5	2	1	9	6	7	3	4
5	8	3	4	7	1	9	2	6
2	7	1	5	6	9	4	8	3
9	6	4	2	8	3	5	1	7
6	3	7	9	5	2	1	4	8
4	9	5	3	1	8	6	7	2
1	2	8	6	4	7	3	9	5

51

5	8	6	9	2	4	7	1	3
2	3	1	6	7	5	8	4	9
9	7	4	8	3	1	5	2	6
4	5	2	1	6	7	3	9	8
8	1	7	3	4	9	2	6	5
6	9	3	5	8	2	1	7	4
1	4	8	2	5	6	9	3	7
7	2	5	4	9	3	6	8	1
3	6	9	7	1	8	4	5	2

52

1	5	7	4	6	3	2	9	8
4	3	9	8	7	2	6	1	5
2	6	8	9	1	5	3	7	4
8	4	1	3	5	7	9	2	6
6	7	3	2	9	8	5	4	1
9	2	5	1	4	6	8	3	7
3	1	4	6	8	9	7	5	2
7	9	6	5	2	1	4	8	3
5	8	2	7	3	4	1	6	9

53

4	5	9	2	1	6	8	3	7
6	1	3	8	7	4	2	5	9
2	8	7	3	9	5	4	6	1
7	3	2	9	4	8	6	1	5
9	6	8	5	3	1	7	2	4
1	4	5	7	6	2	3	9	8
8	2	4	1	5	3	9	7	6
5	9	6	4	2	7	1	8	3
3	7	1	6	8	9	5	4	2

54

8	1	9	3	7	4	5	2	6
5	3	6	8	9	2	1	7	4
4	2	7	5	1	6	3	9	8
7	4	2	9	3	1	6	8	5
3	6	8	2	5	7	4	1	9
9	5	1	6	4	8	2	3	7
6	8	5	1	2	9	7	4	3
1	9	4	7	6	3	8	5	2
2	7	3	4	8	5	9	6	1

55

1	7	2	5	6	3	8	4	9
3	6	8	4	9	1	7	2	5
9	5	4	7	2	8	6	1	3
6	4	5	2	1	9	3	8	7
8	1	7	3	4	6	5	9	2
2	3	9	8	7	5	1	6	4
5	2	3	6	8	4	9	7	1
4	8	1	9	5	7	2	3	6
7	9	6	1	3	2	4	5	8

56

4	1	9	7	6	2	3	5	8
5	2	7	8	1	3	6	9	4
6	8	3	5	9	4	1	7	2
9	4	2	6	8	1	5	3	7
1	5	6	4	3	7	2	8	9
7	3	8	9	2	5	4	1	6
2	9	1	3	4	8	7	6	5
8	7	4	1	5	6	9	2	3
3	6	5	2	7	9	8	4	1

57

7	3	2	4	1	5	6	8	9
8	5	4	2	6	9	7	3	1
1	9	6	3	7	8	4	2	5
4	1	5	9	3	7	8	6	2
3	7	9	6	8	2	5	1	4
2	6	8	1	5	4	9	7	3
9	4	1	8	2	6	3	5	7
6	2	7	5	9	3	1	4	8
5	8	3	7	4	1	2	9	6

58

9	4	7	3	1	2	6	5	8
1	3	8	5	4	6	2	9	7
6	5	2	9	7	8	4	3	1
5	6	3	1	9	7	8	4	2
4	7	9	8	2	5	1	6	3
2	8	1	6	3	4	9	7	5
8	1	5	4	6	3	7	2	9
3	2	6	7	8	9	5	1	4
7	9	4	2	5	1	3	8	6

59

9	8	2	4	3	7	6	1	5
7	1	4	8	5	6	2	9	3
5	3	6	2	1	9	8	7	4
2	7	1	9	4	3	5	6	8
4	6	3	7	8	5	1	2	9
8	5	9	6	2	1	3	4	7
3	4	8	1	9	2	7	5	6
1	9	7	5	6	8	4	3	2
6	2	5	3	7	4	9	8	1

60

4	9	8	1	2	6	3	7	5
6	2	3	5	4	7	1	8	9
5	1	7	3	9	8	4	6	2
8	5	2	7	6	4	9	3	1
9	3	6	8	1	2	5	4	7
1	7	4	9	3	5	6	2	8
3	6	9	2	7	1	8	5	4
7	4	5	6	8	9	2	1	3
2	8	1	4	5	3	7	9	6

61

1	4	2	9	5	7	3	6	8
3	9	8	2	6	1	5	7	4
7	5	6	3	4	8	2	1	9
5	2	3	8	9	6	1	4	7
4	7	9	5	1	2	8	3	6
6	8	1	7	3	4	9	2	5
8	6	4	1	2	5	7	9	3
2	3	5	4	7	9	6	8	1
9	1	7	6	8	3	4	5	2

62

5	8	6	2	7	1	3	4	9
4	1	9	5	8	3	7	6	2
3	2	7	4	9	6	8	5	1
8	5	2	7	1	4	6	9	3
6	7	1	3	5	9	2	8	4
9	3	4	6	2	8	5	1	7
2	4	8	9	3	5	1	7	6
7	6	5	1	4	2	9	3	8
1	9	3	8	6	7	4	2	5

63

1	9	6	8	5	4	7	3	2
4	5	7	2	9	3	8	6	1
8	2	3	1	7	6	9	5	4
9	3	2	4	1	7	5	8	6
7	6	1	3	8	5	4	2	9
5	8	4	6	2	9	3	1	7
3	4	5	7	6	1	2	9	8
6	7	8	9	3	2	1	4	5
2	1	9	5	4	8	6	7	3

64

8	6	9	7	1	5	3	4	2
4	5	1	3	6	2	8	7	9
7	2	3	9	4	8	6	1	5
1	3	7	5	9	4	2	8	6
6	9	8	1	2	3	7	5	4
5	4	2	8	7	6	9	3	1
9	7	5	2	3	1	4	6	8
2	8	6	4	5	7	1	9	3
3	1	4	6	8	9	5	2	7

65

9	3	1	5	7	4	8	6	2
8	7	6	1	2	9	4	3	5
4	5	2	6	8	3	9	1	7
5	2	8	7	1	6	3	4	9
1	9	3	2	4	5	6	7	8
6	4	7	9	3	8	5	2	1
2	6	9	4	5	1	7	8	3
3	1	5	8	6	7	2	9	4
7	8	4	3	9	2	1	5	6

66

6	8	9	4	1	3	7	2	5
7	3	4	5	2	6	8	9	1
2	5	1	9	7	8	6	3	4
4	7	8	1	3	2	5	6	9
3	2	5	8	6	9	4	1	7
9	1	6	7	5	4	2	8	3
8	4	3	2	9	5	1	7	6
5	9	7	6	8	1	3	4	2
1	6	2	3	4	7	9	5	8

67

9	2	6	4	1	8	5	3	7
4	5	8	7	3	6	2	1	9
3	7	1	2	5	9	4	6	8
6	4	7	5	9	3	8	2	1
5	1	2	8	6	4	7	9	3
8	9	3	1	7	2	6	4	5
7	8	4	9	2	1	3	5	6
2	3	9	6	8	5	1	7	4
1	6	5	3	4	7	9	8	2

68

9	6	7	2	8	4	1	5	3
3	4	2	9	5	1	8	7	6
5	8	1	3	7	6	4	9	2
8	5	3	1	6	9	7	2	4
4	2	6	7	3	8	5	1	9
1	7	9	4	2	5	3	6	8
2	9	8	5	4	7	6	3	1
7	1	4	6	9	3	2	8	5
6	3	5	8	1	2	9	4	7

69

9	4	5	1	2	6	8	3	7
7	6	2	3	4	8	9	5	1
8	3	1	9	5	7	2	6	4
3	9	7	4	8	5	1	2	6
2	8	4	7	6	1	5	9	3
1	5	6	2	9	3	4	7	8
6	2	3	5	1	4	7	8	9
5	1	8	6	7	9	3	4	2
4	7	9	8	3	2	6	1	5

70

6	9	8	2	1	4	5	3	7
5	4	1	7	9	3	2	6	8
2	3	7	5	8	6	9	4	1
4	7	3	6	5	2	8	1	9
1	6	2	9	7	8	4	5	3
9	8	5	3	4	1	6	7	2
7	1	9	8	6	5	3	2	4
3	5	4	1	2	9	7	8	6
8	2	6	4	3	7	1	9	5

71

8	1	3	5	2	4	6	7	9
7	5	6	9	8	1	4	2	3
2	9	4	7	3	6	1	8	5
6	4	7	1	9	5	2	3	8
5	2	1	3	7	8	9	6	4
9	3	8	6	4	2	7	5	1
4	6	9	2	5	3	8	1	7
3	7	2	8	1	9	5	4	6
1	8	5	4	6	7	3	9	2

72

1	2	5	8	6	3	4	9	7
4	6	7	2	1	9	3	8	5
3	9	8	4	7	5	6	2	1
8	3	1	5	4	7	9	6	2
2	7	4	1	9	6	5	3	8
6	5	9	3	8	2	1	7	4
5	4	2	6	3	8	7	1	9
7	1	6	9	2	4	8	5	3
9	8	3	7	5	1	2	4	6

73

8	7	6	1	3	5	4	2	9
1	2	4	9	6	8	3	5	7
5	9	3	2	4	7	6	8	1
2	3	1	5	8	9	7	4	6
4	6	5	3	7	1	2	9	8
9	8	7	6	2	4	5	1	3
6	5	8	7	1	2	9	3	4
3	1	2	4	9	6	8	7	5
7	4	9	8	5	3	1	6	2

74

7	6	2	5	1	3	9	8	4
4	3	1	8	9	2	6	5	7
8	9	5	4	7	6	1	2	3
6	1	3	7	2	4	8	9	5
9	2	8	3	5	1	4	7	6
5	4	7	9	6	8	3	1	2
3	7	4	1	8	5	2	6	9
2	8	9	6	3	7	5	4	1
1	5	6	2	4	9	7	3	8

75

6	2	8	4	1	5	9	3	7
3	5	7	6	9	8	2	1	4
9	4	1	7	2	3	8	5	6
7	6	9	3	4	2	5	8	1
5	1	4	9	8	6	3	7	2
8	3	2	5	7	1	6	4	9
2	8	5	1	6	7	4	9	3
4	7	6	8	3	9	1	2	5
1	9	3	2	5	4	7	6	8

76

7	2	8	3	9	4	6	5	1
5	3	1	7	6	2	8	4	9
9	4	6	5	1	8	2	3	7
1	6	3	4	8	7	9	2	5
8	5	9	2	3	1	7	6	4
4	7	2	9	5	6	1	8	3
3	9	7	6	2	5	4	1	8
2	1	5	8	4	9	3	7	6
6	8	4	1	7	3	5	9	2

77

7	1	3	9	2	5	4	6	8
8	5	6	4	7	3	1	9	2
2	4	9	6	8	1	3	5	7
9	2	5	7	3	8	6	1	4
3	6	1	5	4	2	8	7	9
4	8	7	1	6	9	2	3	5
6	9	4	8	1	7	5	2	3
1	7	2	3	5	4	9	8	6
5	3	8	2	9	6	7	4	1

78

7	9	8	5	4	6	1	3	2
3	6	1	9	2	8	7	5	4
5	2	4	3	7	1	9	8	6
1	4	6	2	8	5	3	7	9
8	7	9	1	3	4	6	2	5
2	5	3	7	6	9	8	4	1
9	3	7	6	5	2	4	1	8
6	8	5	4	1	3	2	9	7
4	1	2	8	9	7	5	6	3

79

2	9	3	6	8	1	4	7	5
8	7	6	9	5	4	1	3	2
5	1	4	3	2	7	9	6	8
3	2	7	5	4	8	6	1	9
4	6	1	7	9	2	8	5	3
9	8	5	1	6	3	2	4	7
7	4	8	2	3	6	5	9	1
1	5	2	4	7	9	3	8	6
6	3	9	8	1	5	7	2	4

80

8	6	7	5	4	1	9	3	2
4	9	1	3	2	8	5	6	7
2	3	5	7	9	6	8	4	1
3	4	8	6	1	2	7	5	9
9	7	2	8	3	5	6	1	4
5	1	6	4	7	9	3	2	8
7	8	4	1	5	3	2	9	6
1	5	9	2	6	7	4	8	3
6	2	3	9	8	4	1	7	5

81

8	7	4	3	9	6	1	2	5
5	9	6	4	1	2	8	7	3
3	2	1	8	7	5	4	6	9
4	6	3	7	8	9	2	5	1
2	5	8	1	6	3	7	9	4
9	1	7	5	2	4	6	3	8
6	3	2	9	4	1	5	8	7
7	4	5	2	3	8	9	1	6
1	8	9	6	5	7	3	4	2

82

4	1	5	2	9	8	6	3	7
9	8	6	3	7	4	5	2	1
2	7	3	6	5	1	8	4	9
8	9	1	5	4	6	2	7	3
3	4	7	8	2	9	1	5	6
5	6	2	7	1	3	4	9	8
6	5	8	9	3	2	7	1	4
7	3	4	1	8	5	9	6	2
1	2	9	4	6	7	3	8	5

83

5	9	8	6	1	3	7	4	2
4	7	3	8	2	5	6	1	9
2	6	1	4	7	9	5	3	8
3	2	7	1	6	8	9	5	4
9	1	6	5	3	4	2	8	7
8	5	4	7	9	2	1	6	3
6	8	5	9	4	7	3	2	1
7	4	2	3	5	1	8	9	6
1	3	9	2	8	6	4	7	5

84

7	6	9	8	2	4	1	5	3
5	4	2	7	3	1	8	9	6
3	1	8	9	6	5	2	7	4
1	3	4	2	5	8	7	6	9
9	5	6	1	7	3	4	2	8
2	8	7	6	4	9	5	3	1
6	9	5	4	1	2	3	8	7
4	7	3	5	8	6	9	1	2
8	2	1	3	9	7	6	4	5

85

7	8	4	5	3	6	2	1	9
6	3	2	4	1	9	8	5	7
5	1	9	8	7	2	6	4	3
1	4	5	6	8	7	3	9	2
3	7	8	9	2	5	1	6	4
9	2	6	3	4	1	7	8	5
4	9	7	2	6	8	5	3	1
8	5	1	7	9	3	4	2	6
2	6	3	1	5	4	9	7	8

86

1	2	4	7	8	9	5	3	6
9	7	6	4	3	5	8	2	1
3	8	5	6	2	1	7	4	9
8	6	9	1	7	2	3	5	4
7	1	2	5	4	3	9	6	8
4	5	3	8	9	6	2	1	7
5	4	8	2	1	7	6	9	3
2	3	7	9	6	4	1	8	5
6	9	1	3	5	8	4	7	2

87

5	2	7	1	4	9	6	8	3
6	3	1	2	8	5	7	9	4
8	9	4	7	3	6	2	5	1
4	7	8	9	6	1	5	3	2
2	6	5	3	7	8	1	4	9
3	1	9	5	2	4	8	7	6
1	8	2	4	5	3	9	6	7
7	4	6	8	9	2	3	1	5
9	5	3	6	1	7	4	2	8

88

6	5	7	2	1	4	8	3	9
1	2	3	8	7	9	4	6	5
9	8	4	5	6	3	2	1	7
2	6	5	9	4	1	7	8	3
8	7	9	6	3	2	5	4	1
3	4	1	7	5	8	6	9	2
5	1	8	4	9	7	3	2	6
4	3	6	1	2	5	9	7	8
7	9	2	3	8	6	1	5	4

89

6	3	7	1	2	8	5	9	4
4	5	8	7	6	9	3	1	2
9	2	1	5	4	3	6	7	8
5	1	2	4	3	7	8	6	9
3	4	9	8	1	6	7	2	5
7	8	6	9	5	2	4	3	1
8	6	3	2	9	4	1	5	7
2	7	5	6	8	1	9	4	3
1	9	4	3	7	5	2	8	6

90

4	8	2	7	6	9	1	3	5
7	9	6	3	1	5	4	2	8
1	3	5	2	8	4	9	7	6
6	5	3	1	2	7	8	9	4
8	7	9	4	5	3	2	6	1
2	1	4	6	9	8	3	5	7
5	2	1	8	3	6	7	4	9
3	6	7	9	4	1	5	8	2
9	4	8	5	7	2	6	1	3

91

9	4	1	3	7	5	8	6	2
5	7	2	4	8	6	3	9	1
8	3	6	9	2	1	7	4	5
3	5	8	1	9	7	6	2	4
6	1	9	8	4	2	5	3	7
4	2	7	5	6	3	9	1	8
7	6	4	2	5	9	1	8	3
2	9	3	7	1	8	4	5	6
1	8	5	6	3	4	2	7	9

92

6	4	1	9	3	7	2	8	5
8	2	9	6	4	5	1	7	3
3	7	5	8	1	2	6	4	9
2	6	4	1	8	9	5	3	7
1	5	7	4	2	3	8	9	6
9	8	3	5	7	6	4	1	2
5	3	8	7	6	1	9	2	4
4	9	2	3	5	8	7	6	1
7	1	6	2	9	4	3	5	8

93

1	9	3	4	5	7	2	6	8
7	5	6	2	8	1	3	4	9
4	2	8	3	9	6	5	1	7
3	6	1	7	4	8	9	2	5
2	8	9	5	1	3	4	7	6
5	4	7	6	2	9	8	3	1
9	3	4	1	7	5	6	8	2
6	1	5	8	3	2	7	9	4
8	7	2	9	6	4	1	5	3

94

7	2	4	9	5	8	3	1	6
8	3	5	6	1	2	7	4	9
9	1	6	7	4	3	5	8	2
4	6	9	5	8	7	1	2	3
1	7	2	3	9	6	4	5	8
5	8	3	1	2	4	6	9	7
6	5	8	2	3	1	9	7	4
2	9	7	4	6	5	8	3	1
3	4	1	8	7	9	2	6	5

95

5	9	8	6	4	1	7	2	3
3	7	6	2	5	8	9	1	4
2	4	1	9	3	7	5	8	6
8	6	5	4	7	2	3	9	1
9	3	2	5	1	6	8	4	7
7	1	4	8	9	3	6	5	2
6	5	9	3	2	4	1	7	8
4	8	7	1	6	5	2	3	9
1	2	3	7	8	9	4	6	5

96

9	6	2	3	5	8	4	1	7
8	4	3	2	1	7	9	6	5
7	5	1	9	4	6	8	3	2
5	7	4	1	8	2	6	9	3
1	8	9	7	6	3	2	5	4
3	2	6	5	9	4	7	8	1
6	1	8	4	2	5	3	7	9
2	3	5	6	7	9	1	4	8
4	9	7	8	3	1	5	2	6

97

6	7	4	3	1	8	2	9	5
3	2	1	7	5	9	8	4	6
9	8	5	4	6	2	7	1	3
7	6	3	2	9	4	5	8	1
1	4	2	8	7	5	6	3	9
5	9	8	1	3	6	4	2	7
4	5	9	6	2	3	1	7	8
8	1	6	9	4	7	3	5	2
2	3	7	5	8	1	9	6	4

98

7	4	8	9	3	6	5	2	1
6	9	1	5	2	8	3	7	4
2	3	5	1	4	7	6	8	9
1	2	7	3	6	4	8	9	5
4	8	6	2	9	5	7	1	3
3	5	9	8	7	1	4	6	2
9	1	4	6	8	3	2	5	7
8	7	2	4	5	9	1	3	6
5	6	3	7	1	2	9	4	8

99

4	3	2	6	1	5	7	8	9
8	6	7	3	9	4	1	2	5
5	1	9	8	2	7	3	4	6
9	2	5	1	4	6	8	7	3
1	8	4	5	7	3	9	6	2
3	7	6	9	8	2	4	5	1
7	4	1	2	6	9	5	3	8
2	5	8	4	3	1	6	9	7
6	9	3	7	5	8	2	1	4

100

5	9	8	2	4	1	7	6	3
7	4	3	9	6	5	2	1	8
1	2	6	7	8	3	9	5	4
4	3	1	5	2	6	8	7	9
8	6	9	4	3	7	5	2	1
2	7	5	1	9	8	3	4	6
3	8	7	6	5	4	1	9	2
6	1	2	8	7	9	4	3	5
9	5	4	3	1	2	6	8	7

101

9	5	4	1	6	7	2	8	3
6	8	2	9	4	3	5	1	7
3	7	1	8	5	2	6	9	4
8	1	5	7	9	6	3	4	2
4	3	9	5	2	8	7	6	1
7	2	6	3	1	4	8	5	9
1	9	8	2	7	5	4	3	6
5	4	7	6	3	9	1	2	8
2	6	3	4	8	1	9	7	5

102

9	4	8	2	5	7	1	3	6
3	5	6	8	1	4	7	9	2
1	2	7	6	3	9	5	4	8
6	1	5	9	8	2	3	7	4
2	3	9	7	4	5	8	6	1
8	7	4	1	6	3	2	5	9
4	8	2	3	7	6	9	1	5
5	9	3	4	2	1	6	8	7
7	6	1	5	9	8	4	2	3

103

1	8	3	4	5	9	2	6	7
9	5	4	7	2	6	3	1	8
7	2	6	1	8	3	9	5	4
6	1	5	2	4	7	8	3	9
8	9	7	5	3	1	6	4	2
4	3	2	6	9	8	1	7	5
5	7	8	3	1	2	4	9	6
3	6	9	8	7	4	5	2	1
2	4	1	9	6	5	7	8	3

104

6	4	9	2	3	8	1	7	5
1	3	7	9	6	5	2	8	4
5	8	2	7	4	1	3	6	9
8	5	6	1	9	4	7	3	2
7	1	4	3	8	2	5	9	6
9	2	3	5	7	6	8	4	1
3	9	1	6	2	7	4	5	8
2	7	8	4	5	9	6	1	3
4	6	5	8	1	3	9	2	7

105

7	2	3	1	5	4	6	9	8
4	9	8	3	6	7	5	2	1
1	6	5	9	8	2	4	3	7
2	3	7	4	9	8	1	5	6
5	1	6	2	7	3	8	4	9
9	8	4	6	1	5	3	7	2
3	7	1	8	4	9	2	6	5
8	5	2	7	3	6	9	1	4
6	4	9	5	2	1	7	8	3

106

9	7	5	1	2	4	3	8	6
2	8	4	6	3	5	1	7	9
3	1	6	9	8	7	4	2	5
6	5	7	4	1	8	2	9	3
1	4	3	5	9	2	8	6	7
8	2	9	3	7	6	5	1	4
5	3	2	7	6	1	9	4	8
4	6	8	2	5	9	7	3	1
7	9	1	8	4	3	6	5	2

107

6	2	3	9	8	5	4	7	1
8	7	4	6	2	1	5	3	9
1	9	5	4	7	3	2	8	6
9	5	1	3	6	2	8	4	7
4	8	7	1	5	9	6	2	3
2	3	6	8	4	7	1	9	5
3	6	8	7	1	4	9	5	2
5	4	9	2	3	6	7	1	8
7	1	2	5	9	8	3	6	4

108

9	4	8	7	5	6	3	1	2
5	2	3	1	9	4	8	7	6
1	7	6	8	2	3	5	4	9
4	5	9	2	3	1	6	8	7
2	3	1	6	7	8	4	9	5
6	8	7	9	4	5	2	3	1
8	9	5	3	1	2	7	6	4
7	6	2	4	8	9	1	5	3
3	1	4	5	6	7	9	2	8

109

4	5	2	3	1	8	9	7	6
1	6	8	9	7	2	3	4	5
9	7	3	4	6	5	8	2	1
3	8	7	1	5	9	4	6	2
5	1	9	6	2	4	7	3	8
2	4	6	7	8	3	5	1	9
7	2	5	8	3	6	1	9	4
6	3	4	5	9	1	2	8	7
8	9	1	2	4	7	6	5	3

110

1	3	4	6	5	9	7	8	2
7	5	9	1	2	8	6	3	4
2	8	6	3	7	4	9	1	5
4	6	3	2	8	7	5	9	1
5	9	1	4	3	6	8	2	7
8	7	2	5	9	1	4	6	3
9	1	8	7	4	3	2	5	6
3	4	5	8	6	2	1	7	9
6	2	7	9	1	5	3	4	8

111

9	1	2	3	5	6	8	7	4
7	5	8	2	1	4	6	3	9
3	6	4	7	9	8	2	1	5
6	3	5	9	8	2	7	4	1
8	7	9	1	4	3	5	6	2
2	4	1	5	6	7	9	8	3
1	2	3	8	7	9	4	5	6
5	8	6	4	2	1	3	9	7
4	9	7	6	3	5	1	2	8

112

6	7	4	9	5	1	3	2	8
3	8	9	7	2	6	1	5	4
5	1	2	3	4	8	9	7	6
8	3	7	1	6	9	5	4	2
9	4	6	5	3	2	8	1	7
2	5	1	8	7	4	6	3	9
4	9	8	2	1	5	7	6	3
1	6	3	4	9	7	2	8	5
7	2	5	6	8	3	4	9	1

113

6	1	4	9	3	8	2	7	5
3	5	9	2	7	4	1	6	8
8	2	7	6	5	1	3	4	9
4	6	5	8	1	3	7	9	2
7	8	2	4	9	5	6	1	3
1	9	3	7	2	6	8	5	4
9	4	8	1	6	2	5	3	7
5	7	1	3	8	9	4	2	6
2	3	6	5	4	7	9	8	1

114

2	9	1	4	6	7	8	3	5
6	3	8	5	9	2	7	4	1
4	5	7	1	3	8	9	6	2
3	8	4	6	7	1	5	2	9
7	1	6	2	5	9	4	8	3
9	2	5	8	4	3	6	1	7
1	7	9	3	8	4	2	5	6
8	6	2	7	1	5	3	9	4
5	4	3	9	2	6	1	7	8

115

4	3	7	6	9	2	1	8	5
8	6	5	4	1	3	9	2	7
1	9	2	8	7	5	6	3	4
7	5	6	1	2	8	4	9	3
3	4	9	7	5	6	2	1	8
2	1	8	9	3	4	5	7	6
9	7	3	5	6	1	8	4	2
6	8	1	2	4	7	3	5	9
5	2	4	3	8	9	7	6	1

116

6	2	8	1	9	7	4	3	5
4	9	5	6	3	2	1	7	8
3	7	1	4	5	8	2	6	9
8	3	6	2	4	9	5	1	7
5	1	7	8	6	3	9	2	4
2	4	9	7	1	5	3	8	6
7	6	4	5	2	1	8	9	3
1	5	3	9	8	6	7	4	2
9	8	2	3	7	4	6	5	1

117

8	7	2	5	4	9	1	6	3
5	3	4	7	1	6	9	2	8
6	9	1	3	8	2	7	4	5
3	2	7	9	5	4	8	1	6
9	4	5	1	6	8	2	3	7
1	6	8	2	3	7	5	9	4
7	5	9	4	2	3	6	8	1
2	8	3	6	7	1	4	5	9
4	1	6	8	9	5	3	7	2

118

8	7	2	4	3	9	5	6	1
4	1	5	7	2	6	9	8	3
9	6	3	8	1	5	4	2	7
6	5	7	3	8	1	2	4	9
2	3	8	9	6	4	1	7	5
1	9	4	2	5	7	6	3	8
3	4	6	1	9	8	7	5	2
7	2	1	5	4	3	8	9	6
5	8	9	6	7	2	3	1	4

119

6	9	8	2	5	4	7	1	3
7	1	2	9	3	8	4	6	5
5	3	4	6	7	1	8	2	9
1	7	6	4	9	5	3	8	2
2	8	3	1	6	7	9	5	4
4	5	9	3	8	2	6	7	1
3	4	1	8	2	6	5	9	7
9	6	5	7	1	3	2	4	8
8	2	7	5	4	9	1	3	6

120

5	2	4	7	1	8	9	6	3
7	3	1	6	5	9	2	4	8
9	6	8	3	2	4	5	1	7
3	8	7	5	4	1	6	2	9
6	4	9	2	3	7	1	8	5
2	1	5	9	8	6	3	7	4
1	9	6	8	7	3	4	5	2
8	5	3	4	6	2	7	9	1
4	7	2	1	9	5	8	3	6

121

7	6	5	3	1	2	9	4	8
3	4	8	9	5	7	2	1	6
9	1	2	4	8	6	3	5	7
2	7	1	8	6	5	4	3	9
8	9	6	1	3	4	5	7	2
5	3	4	2	7	9	6	8	1
4	2	7	5	9	1	8	6	3
1	5	3	6	2	8	7	9	4
6	8	9	7	4	3	1	2	5

122

7	8	1	5	6	9	3	4	2
9	2	3	1	8	4	7	6	5
6	4	5	7	3	2	1	9	8
1	9	2	8	4	6	5	3	7
8	7	6	3	5	1	9	2	4
5	3	4	9	2	7	8	1	6
3	6	9	2	7	8	4	5	1
4	5	8	6	1	3	2	7	9
2	1	7	4	9	5	6	8	3

123

7	8	3	1	6	4	2	5	9
4	5	2	3	9	8	7	6	1
6	1	9	5	7	2	8	4	3
3	9	4	2	5	6	1	7	8
1	7	8	4	3	9	5	2	6
2	6	5	8	1	7	9	3	4
5	3	6	9	2	1	4	8	7
8	2	1	7	4	3	6	9	5
9	4	7	6	8	5	3	1	2

124

2	1	4	8	5	6	7	3	9
3	9	5	1	7	2	8	6	4
6	8	7	9	4	3	1	5	2
8	6	9	2	1	4	3	7	5
5	4	2	3	8	7	6	9	1
1	7	3	6	9	5	2	4	8
7	2	8	5	3	9	4	1	6
9	3	1	4	6	8	5	2	7
4	5	6	7	2	1	9	8	3

125

6	7	9	2	8	4	1	3	5
1	8	4	5	3	9	6	7	2
3	5	2	6	1	7	4	9	8
7	3	6	8	5	1	9	2	4
8	2	1	4	9	3	7	5	6
9	4	5	7	2	6	3	8	1
4	6	8	3	7	5	2	1	9
5	1	3	9	4	2	8	6	7
2	9	7	1	6	8	5	4	3

126

8	4	9	3	5	2	1	6	7
6	3	7	1	9	4	8	5	2
2	1	5	6	7	8	9	4	3
5	7	4	8	2	6	3	9	1
1	8	3	9	4	7	5	2	6
9	6	2	5	3	1	4	7	8
3	2	8	4	6	5	7	1	9
4	9	6	7	1	3	2	8	5
7	5	1	2	8	9	6	3	4

127

4	7	2	8	1	3	6	9	5
9	5	3	2	6	4	8	1	7
6	8	1	9	5	7	3	4	2
8	1	4	5	9	2	7	3	6
3	9	5	7	8	6	1	2	4
2	6	7	3	4	1	9	5	8
5	4	6	1	3	8	2	7	9
7	3	8	4	2	9	5	6	1
1	2	9	6	7	5	4	8	3

128

4	5	3	6	2	7	1	9	8
1	2	6	3	9	8	4	5	7
9	8	7	5	1	4	6	3	2
3	6	8	4	7	5	9	2	1
2	7	1	9	3	6	5	8	4
5	9	4	1	8	2	3	7	6
6	4	2	8	5	9	7	1	3
8	1	9	7	6	3	2	4	5
7	3	5	2	4	1	8	6	9

129

2	8	4	3	1	7	6	9	5
3	6	9	4	8	5	2	7	1
1	7	5	2	6	9	3	4	8
9	2	1	5	4	6	8	3	7
4	3	6	7	2	8	1	5	9
7	5	8	9	3	1	4	2	6
6	9	2	1	7	3	5	8	4
5	1	3	8	9	4	7	6	2
8	4	7	6	5	2	9	1	3

130

5	1	4	6	2	7	9	3	8
3	2	9	8	1	5	7	4	6
6	7	8	9	3	4	2	5	1
9	8	5	7	4	6	1	2	3
4	3	2	1	8	9	6	7	5
1	6	7	2	5	3	8	9	4
8	4	6	3	7	2	5	1	9
2	5	1	4	9	8	3	6	7
7	9	3	5	6	1	4	8	2

131

8	7	9	1	6	3	5	2	4
1	3	5	9	2	4	7	6	8
4	2	6	8	5	7	3	1	9
7	9	2	4	8	5	1	3	6
6	1	4	3	9	2	8	7	5
5	8	3	7	1	6	4	9	2
9	6	1	5	7	8	2	4	3
3	5	7	2	4	9	6	8	1
2	4	8	6	3	1	9	5	7

132

9	5	8	7	4	1	6	3	2
1	6	3	2	9	8	5	4	7
4	2	7	5	6	3	9	8	1
2	4	6	3	8	9	1	7	5
7	9	5	4	1	2	8	6	3
8	3	1	6	5	7	4	2	9
3	1	4	9	7	6	2	5	8
6	7	9	8	2	5	3	1	4
5	8	2	1	3	4	7	9	6

133

9	7	6	3	8	1	4	5	2
1	5	2	4	7	6	8	3	9
8	4	3	5	2	9	1	7	6
5	2	8	1	6	4	3	9	7
6	1	9	7	3	5	2	8	4
7	3	4	2	9	8	5	6	1
4	6	1	8	5	7	9	2	3
3	9	5	6	4	2	7	1	8
2	8	7	9	1	3	6	4	5

134

2	3	9	8	4	7	6	1	5
6	4	7	9	5	1	2	3	8
5	1	8	2	6	3	7	9	4
9	6	3	1	2	5	4	8	7
1	2	5	7	8	4	3	6	9
7	8	4	6	3	9	5	2	1
3	9	1	4	7	6	8	5	2
8	7	6	5	1	2	9	4	3
4	5	2	3	9	8	1	7	6

135

8	6	7	2	4	3	5	1	9
3	4	2	1	5	9	7	6	8
1	9	5	8	7	6	3	4	2
7	1	8	9	6	5	2	3	4
9	3	6	4	8	2	1	5	7
5	2	4	3	1	7	8	9	6
2	8	1	5	9	4	6	7	3
6	5	9	7	3	8	4	2	1
4	7	3	6	2	1	9	8	5

136

7	1	6	2	9	4	8	5	3
5	8	4	1	3	7	2	6	9
2	9	3	5	6	8	4	1	7
9	3	2	6	7	5	1	4	8
6	4	1	3	8	9	5	7	2
8	5	7	4	1	2	9	3	6
4	6	5	9	2	3	7	8	1
1	2	8	7	4	6	3	9	5
3	7	9	8	5	1	6	2	4

137

5	8	2	4	1	9	7	6	3
4	6	7	8	5	3	2	1	9
9	3	1	2	6	7	8	4	5
3	2	9	5	8	6	1	7	4
8	4	5	1	7	2	3	9	6
7	1	6	9	3	4	5	2	8
2	7	4	3	9	8	6	5	1
6	5	8	7	4	1	9	3	2
1	9	3	6	2	5	4	8	7

138

9	7	1	3	6	5	4	8	2
6	2	4	8	1	9	7	5	3
8	3	5	7	2	4	1	9	6
4	6	7	5	3	2	8	1	9
5	1	3	9	8	6	2	7	4
2	9	8	4	7	1	6	3	5
1	5	9	2	4	7	3	6	8
3	4	6	1	9	8	5	2	7
7	8	2	6	5	3	9	4	1

139

5	7	3	2	1	8	6	4	9
6	4	2	3	9	5	8	7	1
1	9	8	7	6	4	3	5	2
3	5	7	6	4	2	9	1	8
9	8	1	5	3	7	4	2	6
2	6	4	1	8	9	7	3	5
8	3	5	4	2	6	1	9	7
7	1	6	9	5	3	2	8	4
4	2	9	8	7	1	5	6	3

140

8	2	5	7	3	9	4	6	1
9	6	1	2	5	4	8	3	7
7	4	3	1	8	6	5	2	9
3	7	4	8	2	5	1	9	6
2	5	8	9	6	1	3	7	4
1	9	6	4	7	3	2	8	5
5	3	9	6	1	8	7	4	2
4	8	7	5	9	2	6	1	3
6	1	2	3	4	7	9	5	8

141

1	2	6	7	8	9	4	5	3
3	5	8	4	2	1	7	9	6
9	7	4	3	6	5	1	8	2
2	6	1	9	3	8	5	4	7
8	4	5	2	7	6	9	3	1
7	9	3	1	5	4	2	6	8
5	1	7	8	4	3	6	2	9
6	3	2	5	9	7	8	1	4
4	8	9	6	1	2	3	7	5

142

6	3	2	4	8	1	7	5	9
5	1	7	2	6	9	8	4	3
8	4	9	5	3	7	2	1	6
9	8	4	3	2	6	1	7	5
3	2	6	1	7	5	4	9	8
7	5	1	9	4	8	3	6	2
1	6	8	7	5	3	9	2	4
4	9	3	6	1	2	5	8	7
2	7	5	8	9	4	6	3	1

143

8	1	4	5	9	2	7	3	6
3	9	2	1	7	6	4	5	8
5	7	6	3	4	8	9	2	1
9	6	8	7	1	3	2	4	5
4	2	3	6	8	5	1	9	7
7	5	1	4	2	9	8	6	3
1	8	5	9	6	4	3	7	2
2	3	9	8	5	7	6	1	4
6	4	7	2	3	1	5	8	9

144

3	9	8	1	2	7	5	4	6
2	6	7	8	4	5	9	3	1
1	5	4	9	6	3	2	8	7
9	7	2	3	5	4	1	6	8
4	1	5	6	7	8	3	9	2
8	3	6	2	9	1	4	7	5
7	8	1	5	3	9	6	2	4
6	4	9	7	1	2	8	5	3
5	2	3	4	8	6	7	1	9

145

9	6	8	7	3	1	2	4	5
2	3	4	9	6	5	7	1	8
1	5	7	2	4	8	9	6	3
6	4	2	8	1	3	5	9	7
5	9	3	6	7	2	4	8	1
7	8	1	4	5	9	6	3	2
3	1	6	5	9	7	8	2	4
8	7	9	3	2	4	1	5	6
4	2	5	1	8	6	3	7	9

146

5	2	1	7	9	8	4	3	6
7	8	9	3	4	6	1	5	2
3	6	4	5	1	2	9	7	8
2	9	7	8	3	4	5	6	1
6	1	5	2	7	9	3	8	4
8	4	3	6	5	1	7	2	9
1	7	2	9	8	3	6	4	5
9	3	8	4	6	5	2	1	7
4	5	6	1	2	7	8	9	3

147

1	6	7	9	5	8	3	2	4
3	2	4	7	1	6	8	9	5
9	5	8	3	2	4	7	1	6
7	1	6	8	9	5	4	3	2
8	9	5	4	3	2	6	7	1
4	3	2	6	7	1	5	8	9
5	8	9	2	4	3	1	6	7
6	7	1	5	8	9	2	4	3
2	4	3	1	6	7	9	5	8

148

4	3	9	8	5	6	1	7	2
5	6	1	3	2	7	8	9	4
2	8	7	9	1	4	6	3	5
9	1	8	4	3	5	2	6	7
3	7	5	2	6	8	4	1	9
6	4	2	1	7	9	3	5	8
1	2	4	5	9	3	7	8	6
8	9	6	7	4	1	5	2	3
7	5	3	6	8	2	9	4	1

149

2	7	5	1	3	4	8	6	9
6	9	8	5	2	7	4	1	3
4	1	3	9	8	6	2	7	5
8	6	9	7	5	2	3	4	1
3	4	1	6	9	8	5	2	7
5	2	7	4	1	3	9	8	6
1	3	4	8	6	9	7	5	2
7	5	2	3	4	1	6	9	8
9	8	6	2	7	5	1	3	4

150

1	5	4	3	6	8	7	2	9
2	6	8	9	7	4	5	1	3
3	9	7	2	1	5	8	4	6
7	4	5	1	3	6	9	8	2
9	3	2	8	5	7	1	6	4
8	1	6	4	9	2	3	5	7
6	7	1	5	2	3	4	9	8
5	8	3	6	4	9	2	7	1
4	2	9	7	8	1	6	3	5

151

7	1	4	9	6	5	2	8	3
8	6	9	3	1	2	5	4	7
5	3	2	8	4	7	6	9	1
3	2	6	4	9	1	8	7	5
1	4	8	7	5	6	9	3	2
9	5	7	2	8	3	4	1	6
2	8	5	1	3	4	7	6	9
4	7	3	6	2	9	1	5	8
6	9	1	5	7	8	3	2	4

152

3	9	5	2	4	1	7	6	8
6	4	7	5	9	8	2	3	1
2	1	8	6	7	3	5	4	9
7	6	3	9	1	2	8	5	4
8	5	9	4	3	6	1	2	7
1	2	4	7	8	5	3	9	6
9	8	2	3	6	7	4	1	5
4	3	1	8	5	9	6	7	2
5	7	6	1	2	4	9	8	3

153

5	7	2	4	9	3	8	6	1
1	6	3	8	5	7	9	2	4
8	4	9	6	2	1	7	3	5
7	1	8	3	4	6	2	5	9
6	2	5	7	1	9	3	4	8
9	3	4	2	8	5	1	7	6
3	5	6	9	7	8	4	1	2
2	9	1	5	3	4	6	8	7
4	8	7	1	6	2	5	9	3

154

8	5	6	4	1	9	2	7	3
7	9	4	6	3	2	8	5	1
2	1	3	5	8	7	4	6	9
1	3	8	9	7	4	5	2	6
9	4	2	3	6	5	7	1	8
5	6	7	1	2	8	3	9	4
3	2	5	8	9	1	6	4	7
4	8	9	7	5	6	1	3	2
6	7	1	2	4	3	9	8	5

155

9	4	2	7	8	6	1	3	5
7	1	6	5	3	9	2	8	4
8	3	5	1	2	4	6	9	7
4	6	7	8	1	2	3	5	9
5	9	1	4	6	3	7	2	8
2	8	3	9	5	7	4	1	6
1	7	4	2	9	5	8	6	3
3	2	9	6	7	8	5	4	1
6	5	8	3	4	1	9	7	2

156

6	3	7	4	2	5	8	9	1
4	1	5	9	8	3	2	6	7
9	2	8	6	7	1	3	5	4
8	6	2	7	3	9	1	4	5
7	5	1	8	4	6	9	3	2
3	4	9	1	5	2	7	8	6
1	7	6	3	9	4	5	2	8
5	8	3	2	6	7	4	1	9
2	9	4	5	1	8	6	7	3

157

6	7	4	8	3	5	1	9	2
8	1	3	9	2	7	5	4	6
5	9	2	4	1	6	3	7	8
7	4	6	5	9	2	8	3	1
3	8	1	7	6	4	2	5	9
9	2	5	1	8	3	4	6	7
2	3	7	6	4	1	9	8	5
4	6	8	2	5	9	7	1	3
1	5	9	3	7	8	6	2	4

158

4	1	8	2	6	3	7	9	5
9	7	2	5	8	1	4	3	6
3	6	5	9	7	4	8	1	2
8	2	3	4	9	6	1	5	7
6	5	9	1	2	7	3	4	8
7	4	1	3	5	8	6	2	9
5	8	4	7	3	9	2	6	1
1	9	7	6	4	2	5	8	3
2	3	6	8	1	5	9	7	4

159

7	8	1	2	5	6	9	3	4
3	4	5	9	8	1	7	2	6
9	2	6	4	7	3	8	5	1
8	9	2	1	4	7	3	6	5
5	3	4	8	6	2	1	9	7
1	6	7	3	9	5	2	4	8
4	1	9	6	2	8	5	7	3
2	7	8	5	3	4	6	1	9
6	5	3	7	1	9	4	8	2

160

8	6	1	5	9	7	2	3	4
7	4	9	6	3	2	1	8	5
2	3	5	8	4	1	7	9	6
3	9	7	4	8	5	6	2	1
6	2	4	7	1	3	9	5	8
1	5	8	2	6	9	3	4	7
9	7	6	3	5	8	4	1	2
5	1	2	9	7	4	8	6	3
4	8	3	1	2	6	5	7	9

161

9	7	8	3	1	2	4	6	5
6	4	2	7	5	8	1	3	9
1	3	5	9	6	4	7	2	8
4	2	9	8	7	1	6	5	3
3	5	1	6	4	9	8	7	2
8	6	7	5	2	3	9	4	1
2	9	3	4	8	6	5	1	7
7	8	4	1	3	5	2	9	6
5	1	6	2	9	7	3	8	4

162

9	7	1	8	5	4	2	3	6
8	6	5	2	1	3	7	4	9
2	3	4	7	6	9	8	5	1
6	1	8	4	2	7	3	9	5
4	5	7	9	3	6	1	8	2
3	9	2	1	8	5	4	6	7
1	8	9	6	4	2	5	7	3
5	4	6	3	7	1	9	2	8
7	2	3	5	9	8	6	1	4

163

2	1	9	6	7	5	3	4	8
3	7	5	4	8	9	1	6	2
4	8	6	2	1	3	7	9	5
1	5	3	9	4	7	2	8	6
9	6	7	8	3	2	5	1	4
8	2	4	5	6	1	9	7	3
7	4	1	3	2	8	6	5	9
6	9	2	1	5	4	8	3	7
5	3	8	7	9	6	4	2	1

164

1	2	3	4	9	6	7	5	8
6	9	8	7	5	2	3	1	4
5	4	7	8	3	1	6	9	2
2	7	5	1	8	4	9	3	6
8	1	4	9	6	3	2	7	5
9	3	6	2	7	5	8	4	1
3	6	9	5	1	8	4	2	7
4	8	1	3	2	7	5	6	9
7	5	2	6	4	9	1	8	3

165

8	6	3	1	2	5	4	9	7
1	5	7	9	4	6	3	2	8
9	4	2	8	7	3	1	6	5
7	9	8	6	1	4	2	5	3
2	1	5	7	3	8	9	4	6
4	3	6	5	9	2	7	8	1
6	2	4	3	5	7	8	1	9
3	8	1	2	6	9	5	7	4
5	7	9	4	8	1	6	3	2

166

2	3	7	6	1	8	5	9	4
8	5	9	3	4	2	6	7	1
1	4	6	5	7	9	3	2	8
4	2	5	1	3	7	9	8	6
3	6	8	9	2	4	7	1	5
9	7	1	8	5	6	2	4	3
5	9	3	7	8	1	4	6	2
6	8	4	2	9	5	1	3	7
7	1	2	4	6	3	8	5	9

167

5	7	9	6	1	8	3	4	2
8	2	4	5	7	3	6	1	9
3	1	6	4	2	9	8	5	7
4	6	8	7	5	1	2	9	3
7	9	2	3	6	4	1	8	5
1	5	3	8	9	2	7	6	4
9	4	1	2	3	6	5	7	8
6	3	7	9	8	5	4	2	1
2	8	5	1	4	7	9	3	6

168

1	3	4	6	2	9	7	8	5
6	9	5	8	4	7	2	1	3
8	7	2	1	5	3	9	4	6
9	2	1	4	3	8	6	5	7
4	5	6	2	7	1	8	3	9
7	8	3	5	9	6	1	2	4
2	6	7	3	1	4	5	9	8
5	4	8	9	6	2	3	7	1
3	1	9	7	8	5	4	6	2

169

8	4	1	6	3	7	5	9	2
3	2	9	4	5	1	6	7	8
5	7	6	2	9	8	4	3	1
2	9	3	5	7	4	8	1	6
6	5	8	3	1	9	7	2	4
7	1	4	8	6	2	3	5	9
9	3	7	1	4	6	2	8	5
4	8	5	9	2	3	1	6	7
1	6	2	7	8	5	9	4	3

170

3	6	1	9	4	8	2	5	7
2	9	5	7	1	6	4	3	8
8	7	4	3	5	2	6	1	9
9	2	8	4	6	1	3	7	5
5	1	3	2	8	7	9	6	4
7	4	6	5	3	9	8	2	1
4	3	2	8	7	5	1	9	6
1	8	7	6	9	3	5	4	2
6	5	9	1	2	4	7	8	3

171

3	7	9	4	2	5	8	6	1
2	8	6	3	1	9	4	5	7
4	5	1	8	7	6	3	9	2
5	3	7	9	8	1	2	4	6
9	4	8	6	3	2	7	1	5
6	1	2	5	4	7	9	3	8
7	9	4	1	6	8	5	2	3
8	6	3	2	5	4	1	7	9
1	2	5	7	9	3	6	8	4

172

3	8	6	5	7	2	4	9	1
9	1	2	4	8	6	7	3	5
7	5	4	1	9	3	8	2	6
8	2	7	6	3	9	5	1	4
5	9	1	2	4	8	6	7	3
4	6	3	7	5	1	2	8	9
2	3	5	9	6	7	1	4	8
6	7	9	8	1	4	3	5	2
1	4	8	3	2	5	9	6	7

173

9	8	2	4	7	3	5	6	1
3	7	1	2	5	6	9	4	8
4	6	5	8	9	1	7	2	3
2	5	4	1	3	8	6	9	7
8	3	7	5	6	9	4	1	2
1	9	6	7	4	2	3	8	5
5	2	9	6	8	7	1	3	4
7	1	3	9	2	4	8	5	6
6	4	8	3	1	5	2	7	9

174

8	1	7	6	5	2	3	4	9
3	4	6	8	7	9	2	1	5
5	2	9	1	3	4	8	7	6
1	8	4	2	9	5	6	3	7
9	3	5	7	1	6	4	2	8
6	7	2	4	8	3	9	5	1
7	6	3	5	2	8	1	9	4
4	9	1	3	6	7	5	8	2
2	5	8	9	4	1	7	6	3

175

7	2	3	8	5	9	4	6	1
6	9	4	3	1	2	7	5	8
1	5	8	7	6	4	9	2	3
9	7	5	2	3	1	6	8	4
4	8	6	9	7	5	1	3	2
2	3	1	6	4	8	5	7	9
8	1	2	5	9	7	3	4	6
3	4	7	1	2	6	8	9	5
5	6	9	4	8	3	2	1	7

176

6	8	1	4	9	7	2	5	3
2	5	4	3	8	6	9	7	1
7	3	9	5	2	1	6	8	4
1	2	5	6	3	4	8	9	7
3	4	6	9	7	8	5	1	2
9	7	8	1	5	2	4	3	6
4	6	3	8	1	5	7	2	9
8	9	7	2	6	3	1	4	5
5	1	2	7	4	9	3	6	8

177

4	1	3	6	9	5	8	2	7
5	9	7	2	1	8	3	4	6
6	8	2	4	3	7	1	9	5
8	4	9	3	5	6	2	7	1
3	5	6	1	7	2	9	8	4
2	7	1	9	8	4	5	6	3
7	3	5	8	4	9	6	1	2
9	2	4	5	6	1	7	3	8
1	6	8	7	2	3	4	5	9

178

4	6	9	1	7	8	2	5	3
8	3	1	2	6	5	7	4	9
5	7	2	9	3	4	8	6	1
9	8	4	7	5	2	3	1	6
7	2	3	6	4	1	5	9	8
6	1	5	3	8	9	4	2	7
3	9	7	5	2	6	1	8	4
1	5	8	4	9	7	6	3	2
2	4	6	8	1	3	9	7	5

179

5	7	1	6	4	3	9	8	2
2	8	4	9	1	5	3	6	7
6	9	3	7	8	2	5	1	4
7	2	8	3	9	1	6	4	5
3	1	9	5	6	4	7	2	8
4	5	6	2	7	8	1	9	3
1	4	7	8	3	6	2	5	9
9	6	2	4	5	7	8	3	1
8	3	5	1	2	9	4	7	6

180

4	8	7	9	5	3	6	2	1
1	6	3	4	2	7	5	8	9
5	2	9	6	1	8	7	4	3
7	3	2	5	9	1	8	6	4
9	4	5	8	6	2	1	3	7
8	1	6	7	3	4	2	9	5
2	5	8	3	7	9	4	1	6
6	9	4	1	8	5	3	7	2
3	7	1	2	4	6	9	5	8

181

4	2	5	1	3	6	9	8	7
7	1	9	4	8	2	3	6	5
3	6	8	5	9	7	2	1	4
8	9	7	3	6	5	4	2	1
6	5	3	2	4	1	8	7	9
1	4	2	9	7	8	5	3	6
2	3	4	7	1	9	6	5	8
5	7	6	8	2	4	1	9	3
9	8	1	6	5	3	7	4	2

182

5	2	7	6	9	4	3	8	1
8	6	4	7	3	1	2	5	9
3	1	9	2	5	8	4	6	7
6	4	3	9	1	2	5	7	8
2	9	1	5	8	7	6	4	3
7	5	8	3	4	6	9	1	2
4	3	5	8	7	9	1	2	6
1	7	6	4	2	3	8	9	5
9	8	2	1	6	5	7	3	4

183

6	3	8	9	2	7	1	4	5
2	7	9	4	5	1	3	8	6
5	1	4	8	6	3	7	9	2
4	5	3	7	8	6	2	1	9
8	6	7	1	9	2	5	3	4
9	2	1	3	4	5	6	7	8
1	9	5	6	3	4	8	2	7
3	4	6	2	7	8	9	5	1
7	8	2	5	1	9	4	6	3

184

2	1	5	8	9	6	4	7	3
6	9	7	3	2	4	8	5	1
8	4	3	7	1	5	9	6	2
9	3	6	5	4	7	2	1	8
4	7	1	2	3	8	5	9	6
5	8	2	1	6	9	3	4	7
3	2	4	9	7	1	6	8	5
1	5	9	6	8	3	7	2	4
7	6	8	4	5	2	1	3	9

185

2	6	8	5	9	1	4	7	3
1	5	4	3	2	7	9	6	8
7	9	3	8	4	6	2	1	5
4	2	1	6	8	9	5	3	7
5	8	7	1	3	4	6	2	9
9	3	6	7	5	2	1	8	4
6	4	2	9	7	3	8	5	1
3	1	5	4	6	8	7	9	2
8	7	9	2	1	5	3	4	6

186

1	4	8	9	3	6	7	5	2
5	2	7	1	4	8	9	3	6
3	6	9	5	2	7	1	4	8
8	1	4	6	9	3	2	7	5
7	5	2	8	1	4	6	9	3
9	3	6	7	5	2	8	1	4
4	8	1	3	6	9	5	2	7
2	7	5	4	8	1	3	6	9
6	9	3	2	7	5	4	8	1

187

5	3	7	4	9	6	2	1	8
4	6	8	1	7	2	9	5	3
1	2	9	5	8	3	6	7	4
6	9	5	7	3	1	4	8	2
7	8	4	9	2	5	1	3	6
2	1	3	8	6	4	5	9	7
9	4	2	3	5	7	8	6	1
8	7	1	6	4	9	3	2	5
3	5	6	2	1	8	7	4	9

188

1	8	9	3	7	5	2	4	6
4	6	5	9	1	2	8	7	3
7	2	3	6	4	8	9	5	1
9	3	2	4	6	1	7	8	5
5	4	7	8	9	3	1	6	2
6	1	8	2	5	7	4	3	9
8	9	4	5	2	6	3	1	7
2	7	6	1	3	4	5	9	8
3	5	1	7	8	9	6	2	4

189

1	3	5	2	9	7	4	6	8
9	8	6	5	4	1	3	2	7
2	7	4	6	3	8	9	5	1
6	9	1	8	2	3	7	4	5
5	2	8	7	6	4	1	9	3
3	4	7	1	5	9	2	8	6
7	6	2	4	1	5	8	3	9
4	1	3	9	8	6	5	7	2
8	5	9	3	7	2	6	1	4

190

2	1	4	6	8	7	9	5	3
5	3	6	9	4	1	8	2	7
9	8	7	2	5	3	1	6	4
4	6	9	7	3	2	5	8	1
3	7	1	5	9	8	6	4	2
8	5	2	1	6	4	3	7	9
7	9	5	3	2	6	4	1	8
1	4	3	8	7	5	2	9	6
6	2	8	4	1	9	7	3	5

191

5	7	9	6	1	8	3	2	4
6	1	8	2	4	3	7	9	5
4	2	3	9	5	7	6	1	8
3	9	2	4	7	6	5	8	1
7	5	4	8	3	1	9	6	2
8	6	1	5	2	9	4	7	3
1	8	7	3	6	4	2	5	9
2	4	6	1	9	5	8	3	7
9	3	5	7	8	2	1	4	6

192

9	4	3	8	1	6	7	5	2
1	2	5	3	7	9	4	8	6
8	6	7	5	4	2	1	3	9
5	1	9	2	8	4	6	7	3
3	8	2	6	5	7	9	1	4
4	7	6	9	3	1	8	2	5
6	5	8	7	9	3	2	4	1
7	9	4	1	2	5	3	6	8
2	3	1	4	6	8	5	9	7

193

8	7	2	6	1	5	3	4	9
5	1	3	4	9	7	2	8	6
4	6	9	3	8	2	5	1	7
7	3	1	2	4	8	9	6	5
2	4	5	9	3	6	8	7	1
6	9	8	5	7	1	4	3	2
3	2	7	1	5	4	6	9	8
1	5	4	8	6	9	7	2	3
9	8	6	7	2	3	1	5	4

194

5	3	1	2	7	9	4	6	8
4	2	7	8	6	5	9	3	1
9	6	8	4	1	3	7	5	2
8	5	9	1	3	4	6	2	7
1	4	3	6	2	7	8	9	5
2	7	6	9	5	8	3	1	4
7	1	2	3	4	6	5	8	9
3	9	4	5	8	1	2	7	6
6	8	5	7	9	2	1	4	3

195

3	5	4	9	7	8	1	6	2
6	9	1	3	5	2	8	7	4
7	2	8	6	1	4	3	5	9
5	1	3	7	8	9	4	2	6
4	6	2	1	3	5	9	8	7
9	8	7	2	4	6	5	1	3
1	3	5	4	6	7	2	9	8
8	7	9	5	2	3	6	4	1
2	4	6	8	9	1	7	3	5

196

3	9	8	7	5	2	6	1	4
1	6	5	8	4	3	7	2	9
4	7	2	6	9	1	8	3	5
8	5	1	9	2	6	3	4	7
6	2	3	4	1	7	9	5	8
7	4	9	5	3	8	1	6	2
2	1	7	3	8	4	5	9	6
9	8	4	1	6	5	2	7	3
5	3	6	2	7	9	4	8	1

197

3	4	6	5	1	9	8	7	2
7	9	2	8	6	3	4	5	1
5	1	8	7	2	4	3	6	9
8	5	7	3	9	1	2	4	6
9	2	3	4	8	6	5	1	7
1	6	4	2	7	5	9	3	8
2	3	1	9	4	7	6	8	5
4	7	9	6	5	8	1	2	3
6	8	5	1	3	2	7	9	4

198

3	5	4	8	9	6	7	1	2
7	6	9	2	1	5	8	4	3
8	1	2	4	3	7	5	6	9
6	9	8	7	5	2	4	3	1
2	7	5	1	4	3	9	8	6
1	4	3	9	6	8	2	5	7
9	8	6	3	7	4	1	2	5
4	3	1	5	2	9	6	7	8
5	2	7	6	8	1	3	9	4

199

9	7	2	6	8	4	1	5	3
8	6	3	1	5	9	7	2	4
1	5	4	2	3	7	6	9	8
5	3	7	4	9	6	2	8	1
4	8	9	3	2	1	5	7	6
2	1	6	5	7	8	4	3	9
6	9	5	8	4	2	3	1	7
7	2	1	9	6	3	8	4	5
3	4	8	7	1	5	9	6	2

200

4	7	6	8	3	9	2	5	1
3	9	1	5	6	2	4	8	7
2	5	8	7	1	4	6	9	3
8	2	3	9	5	6	7	1	4
7	1	9	4	8	3	5	6	2
5	6	4	2	7	1	9	3	8
9	3	5	1	4	7	8	2	6
1	8	7	6	2	5	3	4	9
6	4	2	3	9	8	1	7	5

201

2	3	1	7	6	4	5	8	9
5	8	9	1	2	3	4	7	6
6	4	7	8	9	5	2	3	1
4	7	6	9	5	8	3	1	2
3	1	2	6	4	7	8	9	5
8	9	5	2	3	1	7	6	4
9	5	8	3	1	2	6	4	7
7	6	4	5	8	9	1	2	3
1	2	3	4	7	6	9	5	8

202

6	7	3	4	2	9	5	8	1
9	1	8	7	6	5	2	4	3
5	4	2	3	8	1	9	6	7
8	9	4	6	1	3	7	5	2
2	3	7	8	5	4	1	9	6
1	5	6	2	9	7	4	3	8
4	6	5	1	7	8	3	2	9
3	8	1	9	4	2	6	7	5
7	2	9	5	3	6	8	1	4

203

1	5	2	7	4	3	8	9	6
7	6	3	2	9	8	5	4	1
4	9	8	6	5	1	3	7	2
5	1	6	8	7	9	4	2	3
3	2	4	1	6	5	7	8	9
9	8	7	4	3	2	6	1	5
8	4	1	3	2	6	9	5	7
2	3	5	9	8	7	1	6	4
6	7	9	5	1	4	2	3	8

204

5	6	2	4	3	7	8	9	1
1	9	8	6	2	5	7	4	3
3	7	4	1	8	9	2	5	6
6	1	9	8	5	4	3	2	7
2	8	5	7	9	3	1	6	4
4	3	7	2	1	6	9	8	5
8	4	1	3	6	2	5	7	9
7	5	3	9	4	8	6	1	2
9	2	6	5	7	1	4	3	8

205

5	9	1	3	6	8	4	2	7
6	2	3	1	4	7	8	9	5
4	8	7	9	2	5	3	6	1
7	1	9	2	8	3	6	5	4
8	3	4	6	5	1	2	7	9
2	6	5	7	9	4	1	8	3
1	4	6	8	7	9	5	3	2
3	7	2	5	1	6	9	4	8
9	5	8	4	3	2	7	1	6

206

2	1	3	8	5	4	9	6	7
4	6	9	7	1	3	5	2	8
5	7	8	9	6	2	1	4	3
3	5	4	6	2	8	7	9	1
6	8	7	1	4	9	2	3	5
1	9	2	5	3	7	4	8	6
8	2	6	4	7	5	3	1	9
9	4	5	3	8	1	6	7	2
7	3	1	2	9	6	8	5	4

207

3	2	5	6	1	7	8	9	4
4	8	1	9	3	5	7	6	2
6	7	9	2	8	4	5	1	3
5	3	7	1	6	9	4	2	8
8	9	2	7	4	3	6	5	1
1	6	4	5	2	8	3	7	9
2	4	6	3	5	1	9	8	7
9	5	3	8	7	2	1	4	6
7	1	8	4	9	6	2	3	5

208

7	9	2	4	8	5	6	1	3
3	1	6	2	7	9	4	8	5
4	8	5	3	1	6	9	2	7
9	7	8	1	5	2	3	6	4
2	3	4	9	6	7	1	5	8
5	6	1	8	3	4	7	9	2
6	5	9	7	4	8	2	3	1
1	2	7	5	9	3	8	4	6
8	4	3	6	2	1	5	7	9

209

1	3	4	5	7	8	9	6	2
8	9	5	2	6	4	1	3	7
7	6	2	3	9	1	8	5	4
5	2	8	7	3	6	4	1	9
4	7	9	8	1	5	3	2	6
6	1	3	9	4	2	7	8	5
9	5	1	6	8	7	2	4	3
2	8	7	4	5	3	6	9	1
3	4	6	1	2	9	5	7	8

210

9	6	1	2	4	7	3	5	8
5	2	3	9	6	8	1	4	7
4	8	7	5	3	1	9	6	2
6	9	5	1	2	3	8	7	4
2	7	4	6	8	9	5	1	3
1	3	8	7	5	4	2	9	6
3	1	9	8	7	6	4	2	5
8	5	6	4	1	2	7	3	9
7	4	2	3	9	5	6	8	1

211

1	6	7	3	9	4	8	2	5
8	2	4	1	6	5	7	9	3
5	9	3	2	7	8	1	6	4
3	1	6	9	5	2	4	8	7
7	8	2	4	3	6	9	5	1
9	4	5	8	1	7	6	3	2
4	3	1	5	8	9	2	7	6
6	5	9	7	2	1	3	4	8
2	7	8	6	4	3	5	1	9

212

8	3	7	9	1	6	5	2	4
9	4	1	3	2	5	6	7	8
2	6	5	7	8	4	1	9	3
1	7	8	4	6	9	2	3	5
5	2	3	1	7	8	4	6	9
4	9	6	2	5	3	7	8	1
6	1	9	8	4	7	3	5	2
7	8	2	5	3	1	9	4	6
3	5	4	6	9	2	8	1	7

213

8	9	4	2	5	6	1	3	7
1	2	7	4	3	9	8	5	6
6	3	5	1	7	8	4	9	2
9	8	1	6	2	3	7	4	5
7	6	2	8	4	5	9	1	3
4	5	3	7	9	1	6	2	8
3	1	6	5	8	4	2	7	9
5	7	8	9	1	2	3	6	4
2	4	9	3	6	7	5	8	1

214

2	9	1	5	6	4	8	7	3
3	5	7	1	8	9	2	6	4
6	4	8	3	7	2	1	9	5
7	6	9	8	2	3	5	4	1
8	1	4	7	9	5	3	2	6
5	3	2	4	1	6	7	8	9
4	7	5	6	3	8	9	1	2
9	8	3	2	4	1	6	5	7
1	2	6	9	5	7	4	3	8

215

6	2	5	9	1	7	4	3	8
9	1	7	4	3	8	5	6	2
4	3	8	5	6	2	7	9	1
3	8	4	6	2	5	9	1	7
1	7	9	3	8	4	6	2	5
2	5	6	1	7	9	3	8	4
5	6	2	7	9	1	8	4	3
7	9	1	8	4	3	2	5	6
8	4	3	2	5	6	1	7	9

216

9	5	4	7	3	2	6	8	1
7	3	2	6	8	1	9	5	4
6	8	1	9	5	4	7	3	2
4	7	3	2	6	8	1	9	5
2	6	8	1	9	5	4	7	3
1	9	5	4	7	3	2	6	8
3	2	6	8	1	9	5	4	7
8	1	9	5	4	7	3	2	6
5	4	7	3	2	6	8	1	9

217

1	4	7	2	6	3	8	5	9
2	9	8	4	1	5	3	7	6
5	3	6	8	9	7	2	4	1
4	6	2	5	7	9	1	3	8
9	8	3	6	4	1	5	2	7
7	1	5	3	8	2	9	6	4
3	7	4	1	2	8	6	9	5
8	2	9	7	5	6	4	1	3
6	5	1	9	3	4	7	8	2

218

9	1	6	8	5	7	4	3	2
2	3	7	4	1	9	5	8	6
8	4	5	2	6	3	9	1	7
3	9	4	7	8	2	6	5	1
6	2	1	9	3	5	7	4	8
7	5	8	6	4	1	3	2	9
1	7	2	5	9	4	8	6	3
5	6	3	1	7	8	2	9	4
4	8	9	3	2	6	1	7	5

219

8	1	9	6	4	3	5	2	7
7	5	6	2	1	8	3	9	4
2	4	3	7	9	5	6	1	8
6	7	5	4	3	2	1	8	9
1	9	8	5	7	6	2	4	3
3	2	4	1	8	9	7	5	6
4	6	1	9	5	7	8	3	2
9	3	2	8	6	1	4	7	5
5	8	7	3	2	4	9	6	1

220

1	9	8	7	5	4	6	3	2
5	7	4	3	6	2	8	9	1
3	2	6	1	8	9	7	4	5
4	6	5	8	2	7	9	1	3
7	3	1	4	9	5	2	8	6
2	8	9	6	1	3	4	5	7
9	4	2	5	3	6	1	7	8
6	1	3	9	7	8	5	2	4
8	5	7	2	4	1	3	6	9

221

5	3	2	8	9	7	1	4	6
7	4	9	1	6	2	5	3	8
6	1	8	3	5	4	7	9	2
4	7	3	6	8	1	2	5	9
8	5	6	2	4	9	3	1	7
2	9	1	5	7	3	8	6	4
9	2	5	7	1	6	4	8	3
1	6	7	4	3	8	9	2	5
3	8	4	9	2	5	6	7	1

222

7	1	8	4	2	9	5	3	6
5	9	6	3	1	8	4	7	2
3	2	4	5	6	7	9	8	1
6	4	3	7	5	1	2	9	8
2	8	5	6	9	4	7	1	3
1	7	9	8	3	2	6	5	4
9	6	1	2	8	5	3	4	7
4	5	2	1	7	3	8	6	9
8	3	7	9	4	6	1	2	5

223

1	2	9	7	6	8	3	5	4
7	4	3	9	1	5	6	2	8
5	8	6	3	4	2	7	1	9
9	6	2	5	8	7	4	3	1
4	7	1	6	9	3	5	8	2
3	5	8	4	2	1	9	6	7
2	9	4	1	3	6	8	7	5
8	3	7	2	5	9	1	4	6
6	1	5	8	7	4	2	9	3

224

4	3	7	9	2	8	1	5	6
1	5	8	6	3	7	4	2	9
2	9	6	1	4	5	7	8	3
8	7	9	5	6	1	2	3	4
3	6	4	7	8	2	5	9	1
5	2	1	3	9	4	8	6	7
7	1	3	2	5	9	6	4	8
6	8	5	4	1	3	9	7	2
9	4	2	8	7	6	3	1	5

225

3	2	7	5	8	1	6	9	4
6	4	5	9	3	7	2	1	8
9	1	8	2	4	6	7	5	3
2	5	1	4	6	3	9	8	7
7	3	6	8	9	2	5	4	1
8	9	4	7	1	5	3	6	2
4	7	2	6	5	8	1	3	9
5	8	3	1	2	9	4	7	6
1	6	9	3	7	4	8	2	5

226

8	1	5	3	6	2	9	4	7
7	9	2	1	4	5	3	6	8
4	6	3	7	9	8	5	2	1
1	5	8	2	7	9	4	3	6
3	4	6	8	5	1	7	9	2
9	2	7	4	3	6	8	1	5
5	3	1	9	2	7	6	8	4
6	8	9	5	1	4	2	7	3
2	7	4	6	8	3	1	5	9

227

6	2	7	1	3	9	8	4	5
8	3	1	6	5	4	7	2	9
4	9	5	2	8	7	6	1	3
1	4	8	5	7	2	9	3	6
5	7	2	3	9	6	4	8	1
9	6	3	8	4	1	5	7	2
7	5	6	4	2	3	1	9	8
3	8	9	7	1	5	2	6	4
2	1	4	9	6	8	3	5	7

228

8	7	4	3	1	5	9	6	2
1	3	2	4	6	9	7	5	8
9	5	6	7	8	2	1	3	4
5	9	3	8	4	7	2	1	6
4	1	8	2	5	6	3	7	9
2	6	7	1	9	3	4	8	5
7	8	9	5	3	4	6	2	1
3	4	5	6	2	1	8	9	7
6	2	1	9	7	8	5	4	3

229

8	1	3	5	9	4	6	7	2
5	4	9	2	7	6	3	1	8
6	7	2	1	3	8	9	5	4
1	5	8	3	4	2	7	6	9
3	9	4	6	8	7	1	2	5
7	2	6	9	1	5	8	4	3
2	3	1	7	5	9	4	8	6
9	8	5	4	6	1	2	3	7
4	6	7	8	2	3	5	9	1

230

8	6	1	2	7	4	5	9	3
3	2	5	8	6	9	4	1	7
4	7	9	5	1	3	6	8	2
7	9	2	3	5	6	1	4	8
1	4	8	9	2	7	3	6	5
5	3	6	4	8	1	7	2	9
2	1	4	7	3	8	9	5	6
9	8	3	6	4	5	2	7	1
6	5	7	1	9	2	8	3	4

231

5	7	4	3	2	8	1	9	6
1	6	3	9	5	7	8	4	2
9	8	2	1	6	4	5	3	7
6	2	8	7	9	1	3	5	4
3	5	1	8	4	2	6	7	9
4	9	7	5	3	6	2	1	8
2	1	9	4	8	5	7	6	3
7	4	6	2	1	3	9	8	5
8	3	5	6	7	9	4	2	1

232

7	9	2	3	8	4	1	5	6
6	1	3	5	9	7	4	2	8
8	5	4	2	6	1	3	7	9
2	3	1	7	5	6	9	8	4
5	7	8	1	4	9	2	6	3
4	6	9	8	3	2	7	1	5
9	2	5	6	1	3	8	4	7
1	4	6	9	7	8	5	3	2
3	8	7	4	2	5	6	9	1

233

5	8	9	1	3	4	7	6	2
6	4	3	7	2	9	8	1	5
1	2	7	8	5	6	9	3	4
3	6	2	5	1	8	4	7	9
4	7	8	6	9	3	2	5	1
9	1	5	2	4	7	3	8	6
2	3	6	9	7	1	5	4	8
7	9	1	4	8	5	6	2	3
8	5	4	3	6	2	1	9	7

234

1	8	7	2	9	4	6	5	3
6	5	2	1	7	3	4	8	9
9	4	3	8	6	5	1	7	2
8	1	5	4	3	9	2	6	7
3	6	9	7	8	2	5	4	1
2	7	4	5	1	6	3	9	8
7	2	6	9	4	1	8	3	5
5	3	8	6	2	7	9	1	4
4	9	1	3	5	8	7	2	6

235

1	7	4	6	3	9	8	2	5
2	8	5	7	1	4	9	3	6
3	9	6	8	2	5	4	1	7
4	6	7	2	8	3	5	9	1
9	2	1	5	4	6	7	8	3
5	3	8	1	9	7	2	6	4
6	4	2	9	7	1	3	5	8
8	1	3	4	5	2	6	7	9
7	5	9	3	6	8	1	4	2

236

9	1	3	5	2	8	4	6	7
5	4	6	3	7	9	1	2	8
8	2	7	1	4	6	9	3	5
4	6	2	8	9	3	5	7	1
3	9	1	7	5	2	6	8	4
7	8	5	4	6	1	2	9	3
2	5	4	9	3	7	8	1	6
6	7	8	2	1	4	3	5	9
1	3	9	6	8	5	7	4	2

237

7	2	6	3	5	8	9	4	1
5	8	9	4	7	1	3	6	2
1	3	4	6	9	2	8	7	5
8	6	2	5	1	9	7	3	4
9	7	3	2	4	6	5	1	8
4	1	5	8	3	7	2	9	6
3	5	1	7	8	4	6	2	9
2	4	7	9	6	5	1	8	3
6	9	8	1	2	3	4	5	7

238

2	7	5	4	9	8	6	3	1
4	8	1	2	6	3	7	9	5
9	3	6	1	5	7	4	8	2
7	5	8	9	3	4	2	1	6
6	4	3	8	2	1	9	5	7
1	9	2	5	7	6	8	4	3
5	2	7	3	4	9	1	6	8
3	1	4	6	8	2	5	7	9
8	6	9	7	1	5	3	2	4

239

2	8	3	4	7	5	9	6	1
4	6	1	9	2	3	5	8	7
5	7	9	8	1	6	4	2	3
3	4	6	2	8	7	1	9	5
9	5	7	6	4	1	8	3	2
1	2	8	5	3	9	7	4	6
6	1	2	7	9	8	3	5	4
8	3	4	1	5	2	6	7	9
7	9	5	3	6	4	2	1	8

240

2	6	1	7	4	8	5	3	9
9	8	4	1	5	3	6	7	2
5	7	3	9	6	2	8	1	4
4	9	6	3	8	7	2	5	1
3	5	7	2	1	6	4	9	8
1	2	8	4	9	5	3	6	7
6	4	2	5	7	9	1	8	3
7	3	5	8	2	1	9	4	6
8	1	9	6	3	4	7	2	5

241

5	1	4	2	7	3	8	9	6
6	8	3	9	5	4	1	2	7
9	2	7	6	1	8	5	3	4
3	9	2	1	4	7	6	8	5
4	6	8	5	9	2	7	1	3
7	5	1	8	3	6	9	4	2
1	3	9	4	6	5	2	7	8
8	7	6	3	2	9	4	5	1
2	4	5	7	8	1	3	6	9

242

4	6	7	3	5	2	9	1	8
8	2	3	1	7	9	6	4	5
9	5	1	4	6	8	3	2	7
6	7	5	8	3	4	1	9	2
1	4	2	5	9	6	8	7	3
3	9	8	7	2	1	5	6	4
7	8	4	9	1	3	2	5	6
2	3	9	6	4	5	7	8	1
5	1	6	2	8	7	4	3	9

243

6	2	8	7	9	4	5	3	1
5	3	9	1	8	6	7	4	2
4	7	1	2	5	3	8	9	6
3	1	5	4	2	8	9	6	7
7	8	2	9	6	5	4	1	3
9	6	4	3	1	7	2	8	5
1	4	3	8	7	2	6	5	9
8	5	7	6	3	9	1	2	4
2	9	6	5	4	1	3	7	8

244

6	7	1	2	4	8	9	5	3
2	5	8	7	9	3	4	6	1
3	9	4	1	6	5	8	2	7
5	3	7	9	1	4	6	8	2
4	1	6	5	8	2	7	3	9
9	8	2	3	7	6	5	1	4
1	4	5	6	2	9	3	7	8
8	2	3	4	5	7	1	9	6
7	6	9	8	3	1	2	4	5

245

7	8	1	5	3	9	4	2	6
4	6	5	2	8	1	3	7	9
3	2	9	7	4	6	8	1	5
9	4	2	6	7	5	1	3	8
6	7	8	4	1	3	9	5	2
5	1	3	9	2	8	7	6	4
1	3	6	8	5	4	2	9	7
8	5	7	1	9	2	6	4	3
2	9	4	3	6	7	5	8	1

246

6	7	3	5	2	4	1	8	9
5	1	9	6	3	8	2	7	4
4	8	2	7	9	1	6	3	5
2	5	6	8	1	7	9	4	3
8	3	7	2	4	9	5	1	6
9	4	1	3	6	5	7	2	8
7	6	4	1	5	3	8	9	2
3	2	8	9	7	6	4	5	1
1	9	5	4	8	2	3	6	7

247

2	4	3	6	5	9	1	7	8
6	8	7	1	3	2	5	4	9
9	5	1	8	4	7	3	6	2
1	7	5	4	2	3	9	8	6
8	2	6	5	9	1	4	3	7
4	3	9	7	8	6	2	5	1
3	9	8	2	7	4	6	1	5
5	6	2	3	1	8	7	9	4
7	1	4	9	6	5	8	2	3

248

3	2	7	1	5	4	8	6	9
9	5	4	8	6	2	1	3	7
8	1	6	9	7	3	5	4	2
7	9	2	3	1	8	6	5	4
5	8	1	4	2	6	9	7	3
6	4	3	5	9	7	2	8	1
2	7	8	6	4	1	3	9	5
4	6	9	2	3	5	7	1	8
1	3	5	7	8	9	4	2	6

249

7	1	8	3	6	4	5	2	9
5	4	3	8	2	9	6	1	7
2	6	9	7	5	1	8	3	4
6	5	2	9	1	8	7	4	3
9	7	4	2	3	5	1	8	6
3	8	1	4	7	6	9	5	2
4	2	5	6	8	7	3	9	1
8	9	6	1	4	3	2	7	5
1	3	7	5	9	2	4	6	8

250

6	9	7	5	4	8	3	1	2
8	3	5	2	1	7	9	6	4
1	4	2	9	3	6	7	8	5
7	8	6	3	5	2	4	9	1
2	1	3	4	6	9	8	5	7
9	5	4	8	7	1	6	2	3
5	2	9	7	8	4	1	3	6
3	7	1	6	9	5	2	4	8
4	6	8	1	2	3	5	7	9

251

7	1	6	8	3	4	9	2	5
4	2	9	1	6	5	8	3	7
5	8	3	9	7	2	4	1	6
9	6	5	2	4	8	1	7	3
2	3	8	7	5	1	6	9	4
1	7	4	6	9	3	5	8	2
8	5	1	4	2	7	3	6	9
3	9	7	5	1	6	2	4	8
6	4	2	3	8	9	7	5	1

252

9	8	5	3	6	4	2	1	7
6	4	7	1	2	5	3	9	8
1	3	2	9	8	7	5	4	6
7	6	8	4	5	1	9	2	3
3	2	1	7	9	8	6	5	4
4	5	9	2	3	6	7	8	1
2	1	4	6	7	9	8	3	5
5	7	3	8	4	2	1	6	9
8	9	6	5	1	3	4	7	2

253

1	6	9	5	3	2	8	4	7
2	8	7	6	9	4	3	1	5
3	5	4	1	8	7	6	2	9
5	3	8	7	4	6	1	9	2
7	9	2	3	1	5	4	6	8
6	4	1	8	2	9	5	7	3
4	7	3	9	5	1	2	8	6
8	1	6	2	7	3	9	5	4
9	2	5	4	6	8	7	3	1

254

8	3	2	4	9	6	5	1	7
4	9	5	3	1	7	6	2	8
1	6	7	5	2	8	3	9	4
9	2	6	1	8	4	7	5	3
7	8	1	9	5	3	4	6	2
3	5	4	7	6	2	9	8	1
2	1	3	6	7	5	8	4	9
6	4	9	8	3	1	2	7	5
5	7	8	2	4	9	1	3	6

255

5	6	1	4	9	8	2	3	7
7	9	2	5	3	6	4	8	1
8	3	4	1	7	2	6	5	9
6	4	7	2	8	5	9	1	3
9	2	8	3	6	1	7	4	5
1	5	3	7	4	9	8	2	6
3	7	5	9	2	4	1	6	8
2	8	9	6	1	3	5	7	4
4	1	6	8	5	7	3	9	2

256

8	6	7	4	1	9	2	5	3
3	4	9	2	7	5	1	6	8
1	2	5	6	8	3	4	7	9
6	5	3	8	4	7	9	2	1
2	7	8	5	9	1	6	3	4
4	9	1	3	2	6	7	8	5
5	3	2	1	6	4	8	9	7
9	1	6	7	3	8	5	4	2
7	8	4	9	5	2	3	1	6

257

6	1	2	8	4	5	7	9	3
9	7	4	2	3	1	5	6	8
8	5	3	6	9	7	2	4	1
2	8	9	1	5	6	3	7	4
7	4	5	3	8	2	6	1	9
3	6	1	9	7	4	8	5	2
4	3	6	7	2	9	1	8	5
1	9	8	5	6	3	4	2	7
5	2	7	4	1	8	9	3	6

258

5	8	2	4	3	6	1	7	9
6	7	9	1	5	2	8	3	4
4	1	3	9	7	8	5	2	6
3	5	8	7	1	9	4	6	2
9	2	4	8	6	5	7	1	3
7	6	1	3	2	4	9	8	5
8	3	5	6	4	1	2	9	7
2	9	7	5	8	3	6	4	1
1	4	6	2	9	7	3	5	8

259

8	2	1	7	3	6	5	9	4
4	7	3	9	5	8	6	2	1
9	6	5	4	2	1	8	3	7
6	5	8	2	1	7	9	4	3
1	3	2	6	4	9	7	8	5
7	9	4	5	8	3	1	6	2
2	8	9	1	7	4	3	5	6
5	1	6	3	9	2	4	7	8
3	4	7	8	6	5	2	1	9

260

9	7	4	2	8	6	1	5	3
2	1	8	5	3	4	9	7	6
3	5	6	7	1	9	4	2	8
4	6	3	9	5	1	2	8	7
1	8	2	6	4	7	3	9	5
7	9	5	3	2	8	6	1	4
5	4	9	8	6	2	7	3	1
8	2	1	4	7	3	5	6	9
6	3	7	1	9	5	8	4	2

261

2	6	7	9	8	4	3	1	5
9	4	3	2	1	5	6	8	7
5	1	8	6	3	7	4	2	9
1	7	9	5	4	6	2	3	8
4	8	5	3	7	2	9	6	1
3	2	6	1	9	8	5	7	4
8	5	4	7	2	3	1	9	6
6	3	1	8	5	9	7	4	2
7	9	2	4	6	1	8	5	3

262

7	1	9	4	8	5	3	6	2
6	5	3	9	2	7	8	4	1
4	8	2	6	1	3	5	9	7
2	4	1	5	6	9	7	3	8
5	9	8	7	3	2	4	1	6
3	6	7	1	4	8	2	5	9
8	2	5	3	9	1	6	7	4
1	7	4	2	5	6	9	8	3
9	3	6	8	7	4	1	2	5

263

7	1	4	3	8	9	6	5	2
6	5	8	7	4	2	1	3	9
9	2	3	1	6	5	7	8	4
5	7	2	9	1	3	8	4	6
1	8	6	5	2	4	3	9	7
4	3	9	6	7	8	5	2	1
2	9	1	8	3	6	4	7	5
8	4	7	2	5	1	9	6	3
3	6	5	4	9	7	2	1	8

264

8	2	7	3	9	4	1	6	5
6	4	9	5	1	2	7	8	3
1	3	5	8	6	7	2	4	9
7	8	1	9	5	6	3	2	4
9	6	3	4	2	1	5	7	8
2	5	4	7	3	8	9	1	6
4	9	8	1	7	5	6	3	2
5	1	6	2	4	3	8	9	7
3	7	2	6	8	9	4	5	1

265

2	9	3	6	7	1	8	5	4
8	1	7	5	4	9	6	2	3
6	4	5	3	2	8	9	7	1
3	7	2	1	9	5	4	6	8
1	8	4	2	6	3	5	9	7
5	6	9	7	8	4	1	3	2
4	3	8	9	5	7	2	1	6
7	5	6	8	1	2	3	4	9
9	2	1	4	3	6	7	8	5

266

6	5	1	8	7	4	3	9	2
8	4	3	2	9	5	6	7	1
9	7	2	3	6	1	4	5	8
3	1	7	9	2	8	5	4	6
2	9	4	5	1	6	8	3	7
5	8	6	4	3	7	2	1	9
4	6	8	1	5	9	7	2	3
1	2	5	7	8	3	9	6	4
7	3	9	6	4	2	1	8	5

267

6	8	1	2	5	9	3	7	4
3	9	5	4	8	7	2	6	1
7	4	2	1	3	6	5	9	8
1	7	3	8	6	5	9	4	2
9	2	6	3	1	4	7	8	5
8	5	4	9	7	2	6	1	3
2	3	9	7	4	1	8	5	6
4	6	7	5	2	8	1	3	9
5	1	8	6	9	3	4	2	7

268

2	9	8	6	5	3	7	1	4
5	7	6	4	2	1	8	9	3
4	3	1	9	7	8	5	6	2
7	1	4	3	6	5	2	8	9
8	5	9	2	4	7	6	3	1
6	2	3	1	8	9	4	5	7
1	8	2	7	9	6	3	4	5
9	6	7	5	3	4	1	2	8
3	4	5	8	1	2	9	7	6

269

7	9	6	2	8	4	1	3	5
5	4	2	1	3	9	7	8	6
1	8	3	5	6	7	2	9	4
6	2	9	4	5	8	3	7	1
4	3	1	9	7	6	8	5	2
8	7	5	3	1	2	6	4	9
2	6	4	7	9	3	5	1	8
9	1	7	8	2	5	4	6	3
3	5	8	6	4	1	9	2	7

270

1	5	4	2	7	8	6	9	3
6	8	7	3	9	5	1	4	2
2	9	3	6	1	4	5	8	7
8	7	1	5	3	6	4	2	9
3	6	2	8	4	9	7	1	5
9	4	5	1	2	7	8	3	6
7	1	9	4	6	2	3	5	8
4	2	8	7	5	3	9	6	1
5	3	6	9	8	1	2	7	4

271

4	6	2	3	9	8	5	7	1
7	3	8	5	1	6	9	4	2
9	5	1	4	7	2	3	6	8
3	9	4	8	6	1	7	2	5
1	7	5	9	2	4	6	8	3
8	2	6	7	3	5	1	9	4
5	4	3	6	8	9	2	1	7
6	1	7	2	4	3	8	5	9
2	8	9	1	5	7	4	3	6

272

1	8	3	5	4	9	7	6	2
2	4	7	8	6	3	5	9	1
6	5	9	1	2	7	4	3	8
3	6	8	7	9	1	2	4	5
9	2	4	6	8	5	1	7	3
7	1	5	4	3	2	9	8	6
5	9	1	3	7	6	8	2	4
4	3	2	9	5	8	6	1	7
8	7	6	2	1	4	3	5	9

273

1	4	9	3	5	6	7	8	2
2	8	6	9	7	4	5	1	3
5	3	7	8	1	2	9	6	4
7	2	8	6	3	5	1	4	9
3	6	4	7	9	1	2	5	8
9	5	1	4	2	8	3	7	6
6	9	5	1	8	3	4	2	7
4	7	2	5	6	9	8	3	1
8	1	3	2	4	7	6	9	5

274

8	2	1	6	5	9	7	3	4
5	4	9	2	7	3	6	8	1
6	3	7	1	4	8	5	2	9
2	6	4	3	8	1	9	5	7
9	5	3	4	2	7	8	1	6
7	1	8	5	9	6	3	4	2
1	8	2	7	6	5	4	9	3
4	7	5	9	3	2	1	6	8
3	9	6	8	1	4	2	7	5

275

2	3	7	9	4	8	6	5	1
1	5	4	6	7	3	8	9	2
9	8	6	2	5	1	3	7	4
4	7	1	8	9	5	2	6	3
6	2	5	1	3	7	4	8	9
3	9	8	4	2	6	7	1	5
7	1	3	5	8	4	9	2	6
8	6	2	3	1	9	5	4	7
5	4	9	7	6	2	1	3	8

276

4	6	3	9	1	5	8	7	2
1	2	7	3	8	6	4	5	9
9	8	5	7	2	4	3	6	1
8	9	2	5	6	3	1	4	7
5	7	4	1	9	8	2	3	6
3	1	6	4	7	2	5	9	8
7	3	8	6	5	1	9	2	4
2	4	9	8	3	7	6	1	5
6	5	1	2	4	9	7	8	3

277

9	4	2	1	3	5	6	7	8
8	7	3	6	9	4	2	5	1
6	5	1	2	8	7	9	3	4
2	3	6	9	4	8	7	1	5
7	1	8	5	2	6	4	9	3
5	9	4	3	7	1	8	6	2
1	6	7	8	5	2	3	4	9
4	2	9	7	1	3	5	8	6
3	8	5	4	6	9	1	2	7

278

1	9	6	4	3	7	2	5	8
5	8	2	9	6	1	4	3	7
4	3	7	8	2	5	6	9	1
6	5	1	2	9	8	7	4	3
8	4	9	7	1	3	5	2	6
2	7	3	6	5	4	1	8	9
9	2	8	1	4	6	3	7	5
7	1	5	3	8	2	9	6	4
3	6	4	5	7	9	8	1	2

279

5	6	9	3	2	7	1	8	4
3	7	1	6	4	8	5	9	2
8	2	4	5	9	1	6	3	7
7	5	2	4	8	6	3	1	9
4	3	6	2	1	9	7	5	8
9	1	8	7	5	3	2	4	6
2	8	5	1	7	4	9	6	3
1	4	3	9	6	2	8	7	5
6	9	7	8	3	5	4	2	1

280

1	6	9	5	2	7	4	3	8
8	4	5	9	3	1	7	2	6
3	7	2	8	4	6	9	1	5
2	3	4	1	6	9	8	5	7
9	1	7	2	5	8	6	4	3
5	8	6	3	7	4	2	9	1
7	2	8	4	1	3	5	6	9
6	5	3	7	9	2	1	8	4
4	9	1	6	8	5	3	7	2

281

1	9	6	2	7	8	4	5	3
2	7	4	5	3	6	1	8	9
8	5	3	4	9	1	7	6	2
3	4	1	9	6	5	8	2	7
9	6	5	8	2	7	3	1	4
7	8	2	3	1	4	6	9	5
5	1	7	6	4	9	2	3	8
4	2	8	1	5	3	9	7	6
6	3	9	7	8	2	5	4	1

282

6	7	2	3	1	4	8	5	9
1	5	8	6	9	2	3	7	4
3	4	9	8	5	7	6	1	2
4	1	6	5	3	9	2	8	7
8	3	7	2	4	1	9	6	5
9	2	5	7	6	8	4	3	1
5	9	4	1	8	3	7	2	6
2	6	3	9	7	5	1	4	8
7	8	1	4	2	6	5	9	3

283

6	7	9	5	8	1	3	2	4
5	1	2	3	4	7	9	8	6
8	4	3	9	2	6	1	5	7
4	2	7	8	9	3	6	1	5
1	6	8	7	5	4	2	9	3
9	3	5	6	1	2	4	7	8
2	5	6	1	3	8	7	4	9
3	9	4	2	7	5	8	6	1
7	8	1	4	6	9	5	3	2

284

5	6	3	2	9	7	1	4	8
8	9	4	5	3	1	6	7	2
7	2	1	4	8	6	3	9	5
6	1	7	8	5	9	4	2	3
3	5	8	7	4	2	9	1	6
9	4	2	6	1	3	5	8	7
4	3	6	9	7	8	2	5	1
1	7	9	3	2	5	8	6	4
2	8	5	1	6	4	7	3	9

285

6	2	3	8	7	5	4	9	1
8	5	4	9	2	1	6	7	3
1	7	9	4	3	6	5	2	8
2	9	6	1	4	8	3	5	7
4	1	7	6	5	3	2	8	9
5	3	8	2	9	7	1	6	4
3	8	5	7	1	2	9	4	6
9	6	1	5	8	4	7	3	2
7	4	2	3	6	9	8	1	5

286

2	8	3	9	7	6	4	5	1
6	1	4	5	3	8	2	7	9
7	5	9	2	4	1	6	8	3
8	9	5	1	6	4	7	3	2
4	3	6	7	5	2	9	1	8
1	7	2	8	9	3	5	4	6
9	4	1	6	8	5	3	2	7
3	2	7	4	1	9	8	6	5
5	6	8	3	2	7	1	9	4

287

4	2	6	7	1	8	3	9	5
7	3	8	9	4	5	2	6	1
9	1	5	2	3	6	4	7	8
1	4	2	3	5	7	9	8	6
8	7	9	6	2	1	5	3	4
6	5	3	4	8	9	7	1	2
5	8	7	1	9	4	6	2	3
2	9	1	5	6	3	8	4	7
3	6	4	8	7	2	1	5	9

288

8	3	7	5	6	4	9	2	1
9	5	1	8	2	7	3	4	6
2	4	6	1	9	3	7	8	5
3	1	4	7	5	8	6	9	2
6	2	5	4	3	9	1	7	8
7	8	9	6	1	2	5	3	4
1	9	2	3	4	5	8	6	7
4	6	8	9	7	1	2	5	3
5	7	3	2	8	6	4	1	9

289

5	1	7	3	6	8	2	9	4
3	4	8	1	9	2	7	6	5
2	9	6	5	4	7	3	1	8
4	2	3	6	8	5	9	7	1
1	8	9	4	7	3	5	2	6
6	7	5	9	2	1	4	8	3
7	6	4	8	3	9	1	5	2
9	3	1	2	5	6	8	4	7
8	5	2	7	1	4	6	3	9

290

2	8	7	4	1	3	9	5	6
9	6	1	7	5	8	4	2	3
5	3	4	6	9	2	8	1	7
3	5	8	1	4	6	7	9	2
4	9	2	8	7	5	3	6	1
7	1	6	2	3	9	5	8	4
8	7	3	5	6	1	2	4	9
1	2	9	3	8	4	6	7	5
6	4	5	9	2	7	1	3	8

291

6	5	8	1	2	9	4	7	3
9	2	3	7	4	5	8	6	1
4	7	1	6	8	3	9	5	2
3	4	2	8	1	6	5	9	7
7	6	9	3	5	2	1	4	8
1	8	5	4	9	7	3	2	6
2	3	4	5	7	1	6	8	9
5	1	7	9	6	8	2	3	4
8	9	6	2	3	4	7	1	5

292

2	8	5	1	6	3	7	9	4
9	3	1	7	4	2	6	5	8
4	6	7	5	9	8	3	1	2
7	2	3	4	5	6	1	8	9
1	4	6	3	8	9	2	7	5
5	9	8	2	1	7	4	6	3
6	5	4	8	3	1	9	2	7
3	1	2	9	7	5	8	4	6
8	7	9	6	2	4	5	3	1

293

4	7	3	8	6	9	5	2	1
1	9	6	2	5	4	8	7	3
8	2	5	3	1	7	6	4	9
2	1	7	6	4	8	9	3	5
6	8	9	5	7	3	4	1	2
3	5	4	1	9	2	7	8	6
9	3	2	4	8	5	1	6	7
5	4	1	7	3	6	2	9	8
7	6	8	9	2	1	3	5	4

294

7	4	1	8	2	3	9	6	5
5	6	8	1	7	9	4	3	2
9	2	3	5	4	6	8	7	1
3	8	4	2	6	5	1	9	7
2	5	6	9	1	7	3	4	8
1	9	7	4	3	8	5	2	6
8	7	2	3	5	4	6	1	9
6	3	5	7	9	1	2	8	4
4	1	9	6	8	2	7	5	3

295

6	7	1	5	8	2	3	9	4
4	8	9	1	3	7	2	5	6
3	5	2	6	4	9	7	1	8
2	6	4	3	7	5	1	8	9
9	3	5	8	2	1	4	6	7
7	1	8	4	9	6	5	3	2
8	2	7	9	5	3	6	4	1
1	4	3	2	6	8	9	7	5
5	9	6	7	1	4	8	2	3

296

9	4	7	8	1	6	5	2	3
2	6	3	4	5	7	9	1	8
5	8	1	2	3	9	4	7	6
6	1	2	5	9	4	3	8	7
7	5	8	6	2	3	1	4	9
3	9	4	1	7	8	6	5	2
4	3	9	7	8	5	2	6	1
8	2	6	9	4	1	7	3	5
1	7	5	3	6	2	8	9	4

297

6	3	9	5	8	4	7	2	1
5	8	7	9	1	2	6	3	4
4	1	2	3	6	7	8	5	9
9	5	1	2	4	6	3	8	7
2	7	8	1	5	3	9	4	6
3	6	4	7	9	8	2	1	5
8	2	6	4	7	1	5	9	3
7	4	5	8	3	9	1	6	2
1	9	3	6	2	5	4	7	8

298

8	7	3	2	5	6	9	1	4
2	5	6	1	4	9	8	7	3
4	9	1	8	7	3	6	5	2
9	4	7	5	3	1	2	6	8
1	2	8	9	6	4	5	3	7
3	6	5	7	2	8	4	9	1
7	8	2	6	1	5	3	4	9
5	1	4	3	9	2	7	8	6
6	3	9	4	8	7	1	2	5

299

3	9	4	7	8	6	5	1	2
6	1	7	3	5	2	4	9	8
8	2	5	1	9	4	6	3	7
2	6	8	9	1	3	7	4	5
4	5	9	6	2	7	3	8	1
1	7	3	8	4	5	9	2	6
7	8	1	4	6	9	2	5	3
9	3	2	5	7	8	1	6	4
5	4	6	2	3	1	8	7	9

300

6	9	1	5	8	4	3	7	2
5	4	3	6	2	7	8	1	9
7	8	2	9	1	3	6	5	4
4	2	7	8	3	1	9	6	5
3	5	8	2	9	6	1	4	7
9	1	6	4	7	5	2	8	3
1	3	9	7	4	8	5	2	6
2	6	4	1	5	9	7	3	8
8	7	5	3	6	2	4	9	1